日 思 夜 读 · 成 长 卷

我知道你终将闪耀

人民日报新媒体中心 主编

人民日报出版社

图书在版编目（CIP）数据

日思夜读.成长卷：我知道你终将闪耀／人民日报社新媒体中心主编.—北京：人民日报出版社，2017.12
ISBN 978-7-5115-5129-0

Ⅰ.①日… Ⅱ.①人… Ⅲ.①散文集—中国—当代 Ⅳ.① I267

中国版本图书馆 CIP 数据核字（2017）第 295337 号

书　　名：	日思夜读.成长卷：我知道你终将闪耀
作　　者：	人民日报社新媒体中心

出 版 人：董　伟
责任编辑：谢广灼
装帧设计：宁亚茹

出版发行：人民日报出版社
社　　址：北京金台西路 2 号
邮政编码：100733
发行热线：（010）65369509　65369527　65369846　65363528
邮购热线：（010）65369530　65363527
编辑热线：（010）65369533
网　　址：www.peopledailypress.com
经　　销：新华书店
印　　刷：北京中科印刷有限公司

开　　本：880×1230mm　　1/32
字　　数：139 千字
印　　张：8.5
印　　次：2018 年 1 月第 1 版　　2018 年 9 月第 2 次印刷

书　　号：ISBN 978-7-5115-5129-0
定　　价：42.00 元

目录

我曾剪下自己的一段青春，
用来奋不顾身地朝着一个目标狂奔，
那勇敢的模样，任何时候想起来都觉得漂亮。

010　成长比成功更重要 / 叶芬

014　你本可以，但却没有 / 安如之

018　不就是自卑吗，不叫事儿 / 八命先生

024　我不怕千万人阻挡，只怕自己投降 / 南有

029　所谓成熟，就是不再向他人索取安全感 / 小娄

033　你的容貌，有你对待生活的样子 / 谢可慧

037　我高考的那一年 / 杨熹文

042　让你流泪的不是毕业，而是无法再重走一次的青春 / 摇铃铛

048　你远比自己想象中的更加优秀 / 尹惟楚

054　我知道你终将闪耀 / 伊心

060　请保持对世界的好奇 / 周冲

066　青春别怕"折腾" / 雅婷

069　致每一个害怕未来的你 / 大白兔奶精

B

为什么你想要工作,
我就要雇佣你?

077　没有一种工作是不委屈的 / 达达令

088　"钱多、事少、离家近"的工作有没有 / 但云是黑的

092　听说,你现在过得很辛苦 / 糕糕

099　从来就没有轻而易举的成功 / 林鹿 silence

105　就算打千万次退堂鼓,也要勇敢往前走 / 汤小小

111　最好的时光是偷来的 / 韦娜

116　这个夜晚,一起回忆我们的二十岁 / 伊心

120　让自己拥有别人拿不走的东西 / 赵星

125　你不必害怕明天,路都是一步步走出来的 / 米格格

129　你的问题主要在于想得太多 / 萧萧依凡

134　别错把平台当成你的本事 / 入江之鲸

138　你才是自己的贵人 / 苏心

143　你当温柔,但不是妥协 / 谢可慧

目录

C

世界很小，请带着你的梦想一起奔跑；
世界很大，请带着你的坚持一起抵抗。

149　愿你工作不仅谋生，还有快乐 / 廖玮雯

152　你想要的，生活都会给你 / 晚情

156　你给我一个冷板凳，我修炼一个出场机会 / 萧萧依凡

161　不给自己设限，人生才会有更多可能 / 伊心

167　时间用在哪里，掌声就在哪里 / 老丑

172　你的奢望要配得上你的本事 / 李筱懿

178　别忘了此时此刻你的勇气 / 张南

183　你要的稳定，不是真的稳定 / 米粒

188　别让你的梦想只是梦和想 / 徐嗖

193　每一个梦想都值得被尊重和敬仰 / 一直特立独行的猫

198　那些张皇不安，正是青春时光 / 萧萧依凡

204　真正重要的从来不只是努力 / 喵姐

210　三十岁了，那又怎么样？ / 薛萝衣

D

不要害怕意料之外的变动，
生命总是给它认为该给你的。
因此，亲爱的，接受一切变化，
如河流接纳雨水的洗礼与滋养，
然后轻快地往前奔流，
也像一条河一样。

219　大学，是一场最精彩的变形计 / 林夏萨摩

225　请别总急着将生活推翻重来 / 陶瓷兔子

232　世界诱惑太多，我们要学会专注 / 汪贵贵

237　你所等的那个"合适时机"永远都不会来 / 温言

242　去还没有路的地方，才能留下你的足迹 / 谢姣姣

247　在这忙碌的世界里你要活得丰盛 / 何亚娟

252　开始，而不是准备开始 / 沐沐

256　年轻人，下了班一定要瞎折腾 / 伊心

263　愿五年后的你，是你最想要的样子 / 夜未央

人生不是一辆做匀速运动的汽车,
总要有各种突然迸发的加速度才过瘾;
人生不是一马平川,
总要有一个又一个令人兴奋的坡度才精彩。

苍老的标志，不是鱼尾纹的增加，

也不是身体开始僵硬，

而是，你对世界不再感到惊奇。

我曾剪下自己的一段青春，
用来奋不顾身地朝着一个目标狂奔，
那勇敢的模样，
任何时候想起来都觉得漂亮。

——《那段奋不顾身的日子，叫青春》

成长比成功更重要

文·叶芬

这几天,不停有人直接或间接向我吐槽工作中的不愉快,吐槽内容无非是自己怀才不遇,同事能力不达标、不好相处等等。

有时我会告诉对方,现在你遇到的问题正是展现你的能力、在老板面前展示自己的时候,同时你会练就一颗强大的内心,而后则是更大的收获。

F是我5年前认识的一个同事,学的专业是音乐艺术。那一年单位恰好举办了一场选秀比赛活动,他在那场活动中表现抢眼,继而被留下。虽然在比赛中表现不俗,但初进单位的他没有任何特殊机会,依然从最底层做起。他做过文字采编、市场拓展、活动策划等工作,经常加班到后半夜,但是早上八点半依然会在办公室看到他活跃的身影。

大约半年后，同事告诉我，F在单位做节目主持人了。我和大家一样很惊讶，从网上找来他主持的节目，看完觉得还真不赖呢！逐渐地，他主持的节目在我们生活的城市小有名气，他的工作越来越多，也越做越好。即使工作多到天天要加班，两个月都没有休息时间，也从不见他抱怨。此时，他还开了一家属于他自己的面馆，并且经营得风生水起。

前年年中，他告诉我他要辞职了，我表示很错愕。他悄悄说："我要出书了。"这下我倒很淡定，因为我觉得他的故事足够写一本励志型的畅销书了，但他写的却是一本教别人怎么做菜的书。果然，2014年年初的时候，他带着他的新书，在我们城市最高大上的商场做签售活动。此后，我们也不停在卫视节目中看到他的身影。

L是我另外一个同事。她刚进单位时，还是名瘦弱的学生。犹记得她进单位时，因为是新手，又在新部门，很多东西都没有成系统，完全要靠自己一点一点摸索。那段时间又特别忙，加班到深夜是家常便饭。

更难的是，那时她每周都要做专题策划，线上要有专题页面，线下要带活动。线上专题制作，要能画得了框架，P得了图，还得懂代码。代码能为难死她，大家天马行空的想法，就连程序员也面露难色，更何况一个编辑呢！但是她并没有退缩，而是想尽办法与程序员和设计师沟通，结果她每期做出的专题既好看又叫座。

记得第一次组织线下活动时，因为人员组织问题，她与其他部门的同事产生了不愉快，自己偷偷流眼泪。被大家发现时，她却很快调整好心情，一个电话接一个电话地打，邀请朋友来参加活动，并详尽地跟对方说我们的活动是如何好玩。活动的前夜确认好各个细节后她才离开办公室，当时已是夜里十点多，第二天她依然精神抖擞地出现在活动现场。

那时候，她还在准备研究生论文。虽然几乎每天加班，周末不休息，自己学业上还有很多重要又紧急的事情要处理，但是从不见她抱怨。3年多时间过去了，L已经升为部门主编，带领着一帮小伙伴在奋斗。现在的她，开朗、自信、阳光、成熟且优雅，年底组织一场几百人的活动也胸有成竹。

前些日子还见她发朋友圈感慨："五年前的我，研二，住宿舍，在电视台实习，做两份家教，内向、焦虑地度过一段迷茫空虚的时光，现在的自己和那时比，是全新的。"

正如L所说,她现在是全新的,F亦是。现在的他们,或许还没有取得世俗的成功,但他们的成长是有目共睹的,且这比世俗的成功要重要多了。

说到这里,或许有很多朋友又要说,我付出那么多,就是要成功,要加薪升职。要加薪升职没错,要成功也没错,可是,能否在你想加薪、升职、成功前把你手边的事情做好呢?这世上成功的方法有很多种,唯独没有做梦。

工作中,大部分人都犯了一个致命的错误——眼高手低。很多人不愿意做一些琐碎的小事,但就是这些小事,你琢磨透了,漂亮地完成了,就能给领导留下好印象,让领导看到你的能力和态度。你的工作能力强了,可发挥的空间就大,机会就越多。

只是大部分人,把工作当任务,完成了事。也有些人会觉得自己做了很多,但是却看不到结果,不愿再坚持,也没了耐心。其实,这就像栽树一样,你正在扎根呢。千万不要轻视行动的力量,认真做好你认为对的每一件事。因为,你的成长比成功更重要。

用著名新闻工作者熊培云的话说:"如果不想浪费光阴的话,要么静下心来读点书,要么去赚点钱。这两点对你将来都有用。"

你本可以，
但却没有

文·安如之

人干吗非要努力啊？反正又饿不死。

很多人都问过我类似这样的问题，我的回答是："如果你从未努力奋斗过，那么在你生命即将到达终点之时，你可能会发现，原来生命中最痛苦的事情，不是失败，而是我本可以，但却没有。"

记得大一那会儿，因为上了一个自己不太喜欢的专业，又面临着比高中多得多的诱惑，于是整个大一我都沉迷于游戏、混迹于形形色色的社团中，而且还"惊奇"地发现：哦！原来即使我不努力，但只要在期末临近时拼命"刷一刷题"，就不会挂科。这使得我在大学里更加肆无忌惮、胡作非为。

但，在假期和高中很要好的同学聚会时却发现，自己和别人在短短一年内竟产生了如此之大的差距。我想说的差距，不是指物质上的，而是指一个人的生活态度。

对比我的高中朋友，他们有几个当时高考比我考得要差很多，在常人眼里他们的大学是没我的好。其中一个男生迫不得已选了英语专业，据他说一年下来他几乎要被那些英文字符给逼疯了；还有另一个男生，读的是3A学校。但是，他们对待大学的态度和我却截然相反。

被迫学英语的那个男生，上大学后选修了自己喜欢的计算机专业，啃了一大堆相关的专业书籍，大一结束后已经开发了几个很火爆的网页小游戏。去年，几个刷屏微信朋友圈的小游戏就有一款是他捣鼓出来的。而现在，他已经在着手开发他为之痴迷的游戏APP了，还组建了自己的小团队工作室。

而那位读3A学校的男生，大一第一学期就自学通过了雅思考试；第二学期，经过无数次"不要脸"的申请，终于得到了澳大利亚一所不错的理工科大学的offer，大二一开学就飞奔到国外重新读他的大一了。当时，我不敢相信高中英语最差的他竟然自学通过了雅思考试。但事实就是如此。

再看看我的大一，那会儿我归咎于大学专业不是我喜欢的，归咎于大学有太多的诱惑，因此得过且过，让游戏和社团活动忙

> 原来生命中最痛苦的事，不是失败，而是我本可以，但却没有。

得自己团团转。但忙过之后却总会发现自己一无所得，发现自己是为了忙而忙、毫无目标，内心也往往是空虚、不堪一击的。

这样的例子，在我们的生活中也太多太多了。有的人整天在朋友圈、微博、QQ空间里抱怨自己的工作待遇差、工作时间长，加班还没加班费，所以待不下去了；有人抱怨自己只在半年的时间里就被炒了几次鱿鱼；也有人在网吧打了一夜的游戏后发一条状态：唉，还没睡觉，又要准备去找工作了，为什么只有我的生活过得这么累啊；更有人自暴自弃、破罐子破摔，不是抱怨自己出身不好、没能生在一个好的家庭，就是抱怨竞争太激烈、潜规则太多。

但问题是，有多少人在抱怨时，反思过自己是否有稍微那么一点点努力呢？有多少人宁愿通宵达旦地沉迷于网游，却不愿意下那么一点点决心做一些改变？你可曾想过，目前的生活状态是你内心真的想要的吗？你有没有想过，你本可以让自己的生活过得更精彩更有意义一些，你本有能力有条件去做更多自己喜欢的事情……但却因为当初你没能稍微努力那么一点点，最后也只能变成"本可以"罢了。

就像当初我的专业选的不是自己喜欢的，我本可以努力试着去换专业或者像我那位被迫学英语的男同学一样，找一个自己喜欢的领域自学钻研下去，但我却选择了自暴自弃；大学里，我本可以找一个自己真正喜欢的女孩，然后展开一段刻骨铭心的爱恋，但我却总是三心二意敷衍了事，只为打发时间；大学里生活、学习自由，我本可以努力去发展一些自己的兴趣爱好，多看几本书，但我却几乎把时间都给了游戏，玩得不分白昼黑夜。

我们谁没有或大或小的梦想呢？但如果在生命即将到达终点之时，你才发现自己不仅与梦想擦肩而过了，还因为当初的得过且过、敷衍了事，让自己变成被生活牵着鼻子走的人，那么那时的你也许才会恍然顿悟：原来生命中最痛苦的事，不是失败，而是我本可以，但却没有。

而这，大概也就是人这一生为什么要努力的缘故吧。

不就是自卑吗，
不叫事儿

文·八命先生

1

上周六表妹放假，我去学校接她回家。据说这所我曾经可望不可即的学校已经变成了一所充斥着金钱气息的贵族学校。我不敢想象家境不好的表妹与浑身上下都是名牌衣服的"公子哥"和"白富美"是怎样和平共处的。我也是从高中走过一遭的人，我太了解青春期里蠢蠢欲动的敏感小心思了。那个时候总是会羡慕别人，家境、成绩、人缘或者能够作比较的种种。比较得多了，更加清楚地看到了自己的差距，心里就会低落，进而怀疑自己的各方面能力。

自卑这种情绪，倘若能触动你的内心，会给你力量，让你奋起直追；可你一旦被它击垮，从此就会一蹶不振。我担心平时快乐单纯的表妹在佯装自己毫不在意，我怕她的尚未成熟的三观被扭曲，怕她迷失自己。

表妹原本有个不错的家庭，但算得上殷实的家底却被她赌博的父亲在短短一年的时间里输了个精光。后来她父亲偷着拿家里的几处房子做了抵押用来偿还欠下的高利贷，之后落荒而逃，剩下母女俩收拾这烂摊子。

表妹的生活一下子从天上边跌到了地底下。没有了遮风挡雨的高层住，我姨带着她住进了合租房。她只能背起初中的双肩包，穿着再普通不过的地摊货。升高中时候的拉杆箱也是我妈给她买来的。

那个时候只是感觉这小姑娘真可怜，也在庆幸自己的家庭没有陷入这样困苦之中。

2

前两年我的学业也忙，很少真正关心表妹的生活和学习，只是偶尔会打听一下她的成绩，看有没有冲刺重点大学的资质。大概两个月前的一天夜里，我妈给我打来电话，语气有些忿忿。

> 自卑这种情绪,倘若能触动你的内心,会给你力量,让你奋起直追;可你一旦被它击垮,从此就会一蹶不振。

她没控制住情绪,电话里开始给我讲表妹最近的情况。

姨父跑路之后,我姨一个人带着表妹过着并不富裕的生活,倒不是很差,两个人的温饱和表妹的学费是可以维持的。只是她工作忙,对表妹在学校的情况倒是少了很多关心,更多的责任自然地落在我妈身上。

我妈跟我说:"我在你妹看的小说里居然找到了她准备给男生表白的情书。我带她去商场,她竟然让我给她买一双八百块钱的运动鞋,我不知道她哪儿来的勇气。我说了她几句,她就开始哇哇地哭。小小年纪这么虚荣,又不是不知道自己的家庭条件,这怎么得了啊!"

其实我很想跟我妈讲,如果她不虚荣才不正常,不过是把内心里渴求的东西展露出来了而已。得不到的永远在骚动,都说女人的世界里总是少一双鞋子,其实表妹也是一样,看到橱窗里的那些美物,谁都会心动的。只不过,那些条件好的同学会幸运一些,理所当然的得到自己的"芭比娃娃",表妹就没有那么幸福了。至于青春期男生女生之间的那点"小情愫",就再正常不过了。经历尚浅的表妹给自己贴了"缺乏安全感""缺少父爱"的标签,她觉得自己各方面都不如人家,她才更渴望小男生对自己多一些关注。

我给我妈打了包票,把表妹再造成一个阳光自信内心强大的美少女战神。

3

老实讲,我之所以敢夸下海口,是因为我也经历过这个阶段,我也自卑过。

身处在一所充斥物质但又靠成绩展示实力的学校,我真的受到过很大的打击。而这种打击根本不是那些鞋子、衣服和手表能够消解的,真正让人自卑的,是成绩。那个时候我也常常自诩年少轻狂,嘴里动不动就说,三十年河东三十年河西,莫欺少年穷。可是在我们这个教育为大的小城里,没有好成绩考不上好大学似乎就被判了死缓。我成绩差,每次月考都是班里后十名,常常被老师找去谈话。

印象很深刻的一次,我的班主任曾经当众"勉励"我:"咱们不能光长体重不长分数啊,咱们班成绩最稳定的两个人,除了第一名就是你啦,真是脑子笨没得治啊!"直到今天,那个老师

> 自卑很正常的,别觉得自己真的就低人一等。
> 怕什么,你想要的,早晚会得到。

的戏谑之语都时刻在我耳畔,我笨,我弱,我成绩落后,落后就只能被人嘲讽。在那之前,我一直以为,我只是虚荣,我追求好看的外表和灵魂。当时,我觉得自己打了场败仗,我被他搞残了,我自卑又胆怯。

很庆幸的是,我有一颗还算强大的内心,我不服气。在那之后的日子里,我越发明白了有些情况是事实,我很难改变,但只要不认厌,一直努力着追求,总有一天会扳回一城。

而在此期间,你必须有一颗强大的内心来支撑你战胜心底的自卑。换句话说,其实自卑是好事儿,它给你力量去抗争、去厮杀,像个战士一样。

4

和表妹一起回家的路上,我问她,有没有眼红其他同学的高质量生活。

出乎意料,她跟我说:"眼红,真的眼红。"最可怕的不是一无所有,而是本来拥有却猛然间失去所有。

她很坦白地告诉我,那个男孩子拒绝了她,嘴上说我们不合适。其实，不还是觉得她不够优秀，各方面条件比不上自己嘛。与此同时，她一向引以为傲的成绩也出现了明显的下滑，她说不知道怎么形容那种感觉，只能说是，雪上加霜。她更自卑更难过了，想要自暴自弃破罐子破摔，发了疯似的想要人民币和美丽的外壳了。

不等我接话，她跟我说："不用再费心劳神的灌鸡汤了，我已经豁然开朗。"

问为何，短短两个月的时间真的就可以抚平一个少女懵懂又不安的心思吗？

表妹说，他们重新分班，新班主任在班会上的一段话让她茅塞顿开，她将其记在了日记本上："在你们这个年龄的时候我也有过各种自卑和压抑，我来自农村，考到重点高中的时候连普通话都说不利索，被嘲笑甚至是挖苦过，怀疑自己的实力。可是现实告诉自己，自己差就必须努力去改变，被嘲讽就一笑而过。总有一天你会强大到足够消化内心深处的自卑。"

说得真好，克服自卑的最有效手段，就是带着一颗强大的内心去战胜它。所以啊，自卑很正常的，别觉得自己真的就低人一等。怕什么，你想要的，早晚会得到。

我不怕千万人阻挡，
只怕自己投降

文·南有

1

前几天去参加了一次读书会，期间，有个嘉宾上台分享了自己的阅读经历。这个嘉宾是个斯文有礼、长相贤淑的女性，她告诉我们，她之所以会阅读，是因为她想看看自己坚持做一件事后会有什么样的变化。

"一开始我觉得自己也是三十几岁的人了，生活也很安逸，没有什么太烦心的事情。那时候觉得，好像生活就是这样了，也不会有其他的可能了。谁知道因为要坚持阅读、写读书笔记，并且为了不影响正常工作，就得比平时早起一个小时。然后突然发现，原来早起精神会变得很好，还可以顺带做运动锻炼身体。"

她一开始只是想坚持阅读，谁知道，最后养成了这些好习惯。于是她发现，原来自己还可以过不一样的生活，还可以去做不一样的事，交不一样的朋友，生活渐渐变得更有趣了。

好吧，阅读其实是一件特别棒的事情。因为阅读，可以让我们更自由地思考。当阅读让你培养了自己的思考架构，很多你原来想不清楚的事情，就会在一瞬间想通。

一旦你坚持阅读，就会发现另一个世界、另一个你自己，以及人生的另一种可能。

2

昨天晚上，我去主持了一场校园民谣的分享会，主讲嘉宾Jimmy分享了他和民谣、吉他、初恋的故事。

灯光昏暗，一首一首的民谣在播放着，就像是在播放我们的青春一样。大概我们的青春开始都是相似的：学校操场，漫天星辰，晚风轻拂；青草地，吉他和姑娘的白裙子；还有他转身投篮的样子。

如果说所有的青春结局都是一样的，那么最大的相同就是遗憾。因为那时候年少懵懂的我们，不懂珍惜喜欢的人，不懂珍惜

> 一旦你坚持阅读，就会发现另一个世界、另一个你自己，和人生的另一种可能。

在校的时间，不懂坚持自己的梦想，所以青春总是被我们缅怀。我们缅怀那些逝去的、得不到的，和未完成的。

可是，很多人跟我说，怎么办，好像已经来不及了。真的来不及了吗？我想告诉他，现在开始还来得及。

某天午后，Jimmy 坐在阳光下一首接着一首地弹奏吉他民谣。他是一个很有天分的吉他教学者，他把手上的吉他玩得出神入化，弹唱的恰好都是我爱的民谣。

我告诉他，其实我也有一把吉他，只是没有坚持。然后我问他：″你看，我的手指这么短，能学会弹吉他吗？″Jimmy 停止了弹奏，然后伸出他的手指说：″你看，我的手指长吗？″那时候我才发现，原来他的手指和我一样，都不怎么修长。

Jimmy 说：″很多人觉得自己学不会吉他，是因为自己看不懂五线谱、手指不够长、没有乐理基础。可是，这些真的都只是你学不会的借口。为什么？看不懂五线谱你可以看简谱，没有乐理知识基础你可以学，手指不够长，你看我手指就很长吗？″

那一刻，他点亮了我的内心。我终于发现，原来我的遗憾都是自找的，只要我愿意，任何时候都来得及，来得及把想要实现的梦想实现。

3

就好像我和写作一样。18岁的时候,我的梦想是成为一名作家。

22岁的时候,我觉得我的梦想被吃掉了,于是中途停止了写作,但是期间我并没有放弃阅读。

26岁的时候,我突然发现,原来我还能写作;也突然发现,原来别让遗憾继续,一切就都来得及。于是当我不想再遗憾的时候,当我想要重新完成这个作家梦的时候,我就隔三差五乐呵呵地写文章。在没有重新开始之前,我从来没想过会有那么多人喜欢看我的文章,更没有想过,有一天我还能出书,当一个作家。

去做你想做的事情,人生充满了可能,你不去试试,又怎么知道自己不行呢?当你走出第一步,并且坚持下去的时候,你才会发现自己有多强。

很喜欢五月天,他们就是一群虽然不年轻,但是却像年轻人一样蹦蹦跳跳爱折腾的人。他们有一首歌叫《倔强》,里面有部分歌词我很喜欢:

如果你的青春已经有太多遗憾，为什么还要让未来有更多的遗憾？

> 我的手越肮脏，眼神越是发光
>
> 你不在乎我的过往，看到了我的翅膀
>
> 你说被火烧过才能出现凤凰
>
> 逆风的方向更适合飞翔
>
> 我不怕千万人阻挡，只怕自己投降

蔡康永说，15岁觉得游泳难，放弃游泳；到18岁遇到一个你喜欢的人约你去游泳，你只好说"我不会耶"。18岁时你觉得英文难，放弃英文；28岁出现一个很棒但要会英文的工作，你只好说"我不会耶"。如果你的青春已经有太多遗憾，为什么还要让未来有更多的遗憾？

年轻时，越嫌麻烦，越懒得学，后来就越可能错过让你动心的人和事，错过新风景。那么，你是否愿意用现在的努力，去换取一个不后悔的将来？

所谓成熟,
就是不再向他人索取安全感

文·小娄

高中时,我被班上同学取了个外号叫"亚军"。关于名号的由来是这样的:那几年,我的考试成绩一直奇迹般地稳定在全班第二——倒数第二。你已经猜到了,还有一个叫"冠军"的家伙,常年占据班级倒数第一的宝座,雷打不动。

我们俩就这样相依为命度过了几乎整个高中生涯。要问我高中时期最爱的人是谁,非"冠军"莫属。虽然这么说有点幸灾乐祸,正因为有了"冠军"的存在,我才能在那几年理直气壮地不思进取。"你看,这不还有比我更差的嘛。"换言之,倒数第二的我在倒数第一身上,源源不断地摄取安全感。这种安全感安慰着我,让我得以远离焦虑和自责。

后来,"悲剧"还是发生了。"冠军"的父母看他丝毫没有交出倒数第一宝座的希望,一咬牙把他送到了市里一所私立学校,

> 从别人身上得到的安全感,至多只是虚幻的自我欺骗。真正的安全感,终究是自己给的。

死马当活马医了。于是,我变成了"冠军"。当上"冠军"的第一天,我就崩溃了。无助、焦虑、恐惧、不安,一时间像决了堤的洪水把我淹没,积蓄了三年的安全感瞬间烟消云散。也许是因祸得福,从此我像发了疯一样学习,高考成绩进了全班前十,去了一所还不算差的大学。

从他人的糟糕处境中,得出自己也许并没有那么糟糕的结论,然后心安理得地接受自己的不堪,这样的安全感让人停滞不前。我开始明白,从别人身上得到的安全感,至多只是虚幻的自我欺骗。真正的安全感,终究是自己给的。

然而,有些不思进取的人、浑浑噩噩的人、无所事事的人,都如那温水里的青蛙,对自己的处境浑然不觉。他们只知道,世界上还有更惨的人在,还有更多的"清蒸青蛙""油炸青蛙"在,自己尚且安全。他们从没有想过,即使身边的人处境再差,自己的糟糕处境也不会改善半分。更致命的一点是,如果把五十步笑百步变成一种优越感,那么人会把自己的糟糕看成是理所当然。"只要有人过得比我惨,我惨一点又何妨"的想法,容易让人坠入万劫不复的深渊。

电影里有句台词是这么说的:"看到你过得不好,我也就放心了。"其实啊，我并不是希望你过不好，只是害怕你比我过得更好，我埋藏在你身上的安全感和陪伴感从此消失殆尽。所以，多少有情人相爱相杀，多少朋友落井下石，为的就是从对方身上获取那一点点可怜的安全感。

2014年春天，在一次高中同学会上，我又见到了"冠军"。令我感到震惊的是，"冠军"成了名副其实的冠军——连续三届市马拉松长跑冠军。当年他转去私立学校之后，在学习上还是毫无起色，然而他在体育上的天赋却被当地一所大学的教练发现。之后，他被那所大学录取，在学校田径队占据了一席之地。在接下来的三年里，他迎来了自己天赋的大爆发，三年马拉松，三个冠军。

"冠军"说："当我在跑步的时候，风在我耳边呼啸。我突然间明白，我之所以跑在最前面，并不是因为别人比我跑得更慢，而是我比别人跑得更快，这才是我的安全感所在。别人都给不了我安全感，唯一可以给我安全感的，只有我自己的强大与无懈可击。"

把安全感寄托在他人身上与自己建立安全感，是一个人弱小

> 把安全感寄托在他人身上与自己建立安全感,是一个人弱小与强大、自卑与自信、幼稚与成熟的分水岭。

与强大、自卑与自信、幼稚与成熟的分水岭。从他人的弱小或者苦难上面索取安全感,只是懦夫自欺欺人者麻痹自己的借口。因为从始至终,这样的安全感并没有让你变成更好的人。

而真正的成熟,无非就是不依赖、不索取,自己赐予自己安全感。

你的容貌,
有你对待生活的样子

文 · 谢可慧

1

　　我还在读大学的时候,学校后面有一个卖粥的女人。她每天下午四点左右出街摆摊,瘦削的身材,化好看的妆,盘好看的发饰,穿好看的衣服,经久重复地站在粥摊前。身边站着他的先生,每天也是端正得满面春风。

　　忙的时候,女人娴熟地盛着粥,笑语盈盈地对待我们这群学生;闲的时候,她端庄地站在那里,岁月似乎没有在她脸上和身上刻下用尽体力后的疲惫。那一年,她五十岁,我们喜欢叫她时髦阿姨。她听到的时候,总是轻轻一笑,羞涩而含蓄。

　　"她啊,就是喜欢打扮,一定要打扮得好看,才觉得可以出门,可以见人了。"

> 好好爱护自己的妆容，是对生活表现出的诚意，
> 也是对有限生命的一种尊重。

"但是，活得高兴就好。"

有一次，她和先生在我们面前斗嘴，两人笑着说。

体面，或许活到她这个年纪，才能够表达得坦然。

2

有一个词语是"相由心生"，最通俗的解释是人的仪容外表总受心灵因素的影响。事实上，热爱生活的人一般不容许自己蓬头垢面地见人，且不说是否尊重别人，当你直面这个世界，你的容貌就是你的第一名片。

韩是一家大型企业的人事总监，她说，她们单位为什么十多年来销售业绩都稳居业内前十，与一项制度有关：女员工每天必须化妆、穿职业装、穿高跟鞋；男员工必须系领带、穿正装、穿皮鞋。这是他们老板明确要求写进公司制度里的，并且每周都会例行检查。如果有人不穿高跟鞋或不穿正装，会直接计入当月的考评，两次以上会扣除当月奖金。

许多刚进企业的男孩女孩会不理解，有人会质疑，不是只要工作完成了就可以吗？也太拘泥于形式了。包括韩，她到岗的

第一天，就被原先的人事总监叫进了办公室，那天早上，她刚洗完头发，就这么蓬乱着走进办公室，脚上穿着球鞋，身上套着白T-shirt。人事总监友好地提醒她：记得多学习单位的制度。后来，她的老板在一周后的入职培训里讲了一番话，让她毫无怨言并且欣然接受了这个要求。一，一个注重自己外表的人，通常不会对生活和工作太马虎。二，你穿着正装、踩着高跟鞋，看上去会影响工作效率，事实上，是会提高工作效率。你们的妆容时刻提醒着你们的身份，告诉你们不松懈。三，你与人交流，你的容貌是你最初的名片。其实，这个理论是成立的。所谓心里暗示，大概就是由外表而起，然后把你的状态告诉内心，再让自己变得更好。

3

工作之外，生活之内，你的脸上，都写满了你对待生活的样子。你有没有发现，有些人无论身在何地，都可以让自己带着光芒。周遭的一切，并不是非得围着她转，而是她站在哪里，哪里就是中心。你在她身边，可以清晰地察觉到她的一妆一容，她的一仪一态。

　　我刚进单位的时候，有一个同事，那年她大概40岁，每天都格外精致的样子。有一天，我弱弱地问她，每天这样用心地打扮，会不会很累。她摇摇头，习惯就好了。一个人无论如何，都是抵不过时间的，不过是让自己老得慢一点而已。

　　后来我才知道，无论春夏秋冬，每天早上，她都会在六点起床，先跑步半个小时，然后化妆。晚上无论多晚，都会卸妆，敷面膜。这是一件很机械也很枯燥的事，但你把它当作和吃饭、睡觉一样重要的事，就不那么难了。

　　张爱玲有一句话是："装扮得很像样的人，在像样的地方出现，看见同类，也被看见，这就是社交。"

　　而于我们平凡人来说，好好爱护自己的妆容，是对生活表现出的诚意，也是对有限生命的一种尊重。

我高考的那一年

文·杨熹文

我在18岁之前的人生里,都一直坚定不移地相信着,高考这件事能够决定一个人一生的命运。

从每次模拟考试过后我妈根据排名对我的夸奖或毒打,我就能判断出它无与伦比的重要性——它大概会决定今后的我穿蓝布工作服,还是穿套裙和高跟鞋坐进办公室;它会决定我每天清晨挤密不透风的公交车,还是开锃亮的小轿车潇洒地穿越人群;它会决定我住进破旧的老居民楼,还是风风光光地住进别墅里……我此生荣华富贵注定全部指望它。

可是高三那一年,我的成绩却遭到前所未有的重创。似乎无论我多早咬牙起床背单词,多晚在数学题的演算中不甘地睡去,再如何牺牲课间十分钟休息时间盯紧练习册上的题目,甚至连午饭时也要一手拿饭勺一手持课本,我的名次都始终稳稳地出现在并不代表优秀的行列里，没有半点挪移的痕迹。

我至今还记得那种濒临崩溃的感觉，身与心达到前所未有的焦虑程度。于是在一次失败的模拟考试后，我捏紧一张低分数的卷子，突然听见自己的一声啜泣，继而变成女中音的呜咽，再变成肆无忌惮的号啕。高三的每一次模拟考试都会扯断一些人敏感的神经，每个班级都会传出类似的哭声，这哭声渐渐让所有人产生习惯，但我的那一次至少惊动了半个班级。

我的头埋得低低的，我用双手给自己围出一方安全区，不久后半只袖子就被眼泪浸透。我的同桌不声不响继续写一张数学卷，我的前桌转过身摸我的头，我的好朋友从教室另一侧跑来弯着腰站在我身边，就像安抚一只受伤的小猫："别哭了，没事没事的呀。"有人从我压着的袖子底下的缝隙递给我一张字条，那上面写着："你那么用功，下次一定会考好的。"我突然间哭得更凶，瞬间让整个教室安静。我最想听到的不是"努力"，而是"聪明"，那才智一定是我天生缺乏的东西，才让我许久的努力付诸东流。我在那张桌子上趴了整个下午，晚自习时班主任坐在我旁边。才不过三年的时间，教学压力也在她年轻白嫩的脸上埋上了几颗痘，两条眉毛间也拧出一丝带褶的疲惫。她给我写了一张长长的字条，大意是：这只不过是人生中的一次失败，你以后的路还很长，这张卷子会成为一件非常非常小的事，不会对你的未来有任何影响。

我似懂非懂地从安全区抬起头，那时候我把整个人都哭透了。

很奇怪，这是我在回忆起高三那一年的时候，脑袋里首先闪现的一件事。大概之后的人生真的应验了班主任的那张字条，我失败了很多很多次，但哪一次失败也没有让我之后的人生万劫不复。又也许我记得它，是因为那一整个下午哭到丑陋的姿态让我内心羞耻，使我在未来的人生永远知道，人就算是输，也要输得体面，要时刻保持高昂的头颅笔直的脊梁，那是一个人去赢的全部筹码。

我想我之所以把高考看待得如此重要，又或者应该说我的家庭把高考看得如此重要，大概是因为那读到高中就辍学的父母把许多世态炎凉都看透了。他们一辈子都在咒着命运的不公平，错失的读书机会让他们没法成为那些生活起来毫不费力的人。他们对生活唯一的希望，渐渐浓缩成一个我。

我长大后想起那段日子还是怕的。我的妈妈多少次苦口婆心

> 对于大多数人来讲，高考有多重要，取决于一个人在今后的人生中为自己创造多少挑战。

地对我讲一定要考上好的大学，也多少次在我的低分试卷前比我流更多的泪。自从记事起，我就知道她一直囚自己于不幸福的生活和婚姻里，所以令她快乐的事情，我尤其愿意去做。可是在高考前的两个月里，我默默生出一个不光彩的心愿：我希望自己在高考来临前的日子里，得癌症或者被车撞死。

如今十年过去了，我还在感慨一个孩子所承受的压力，竟然让这种被动的死亡成为比高考还容易接受的事。可命运待我太厚，我没有患癌症也没有被车撞死，我被命运推进一张高考座椅，在三天中平静地完成了那份试卷，没有发挥失常也没有超常，经历了一个最自由的暑假，进入一所平常的大学，把一个教室从陌生坐到熟悉，四年后丢下课本，生活继续开始一个又一个新的篇章。

我曾以为高考是不重要的，见识了那么多早早辍学在社会上闯荡数年的朋友，他们在我大学毕业的那一年已经坐进小轿车住进小洋房过上了衣食无忧的快乐日子，而我却需要从一本一本书中寻着"黄金屋"，而无果后又质疑是否它隐匿过深，又或许这根本就是一个谎言。后来认识更多的人，才知道高考对于另一些人的重要性。有多少山村的孩子每日走十几里的路去上学，怀揣着一个家庭全部的积蓄去赌一个翻身的机会，高考是救命的稻草，也是唯一的一根，它带多少人从大山的一侧翻到另一侧，从生活的底层爬到顶端。

可是我也渐渐发现，对于大多数人来讲，高考有多重要，取决于一个人在今后的人生中为自己创造多少挑战。一个人后天的努力，完全比一次高考要重要得多，可是有那么多人，他们活着活着就忘记了。

高考那一年的日子，说完全痛苦也是不公平的。我到现在还异常思念那学校外的豆皮小摊，那群一同披星戴月满脸长痘的同学们，还有那些自习课上的小纸条，熬夜时偷发的短信，以及每天和朋友最常说的一句话"中午吃啥"……最重要的是，高考那一年，漫长而煎熬的经历，让我从中学会坚持，学会容忍，学会今后的人生要体体面面地活，学会这生命里无一事不是苦乐参半，高考是这样，人生亦如此。

让你流泪的不是毕业，
而是无法再重走一次的青春

文·摇铃铛

又到六月，又到毕业季。毕业的时候，是有鸣蝉、西瓜和蒲扇的夏天。这样热情的温度，似乎不适合伤春悲秋，也不适合开口说再见。

一切游乐场所都被欣喜若狂的高三毕业生占领，对大学生活的憧憬冲淡了离愁别绪，寒窗苦读十余年的苦闷都被他们抛到脑后。

而大学毕业生却在感伤地给行李打包，挨个和昔日打架争吵的室友讲和、拥抱，喝得烂醉是他们对青春的祭奠。

但你知道吗，无论是高中毕业还是大学毕业，不仅是拥抱未知的新生活，也代表着我们一次又一次，与青春和回忆告别；与原本亲密无间，此后却可能南辕北辙、永不相见的人们告别。

毕业季,就是离别季。

还记得我大四快离校的那几个月,几乎寝室楼下每条马路的两边,都被毕业生的跳蚤市场占领了。即将离开学校的人,总有些带不走的东西,锅碗瓢盆、衣裙书本,全部贱价出售。

于是那年夏天,我和朋友也收拾了一堆半新半旧的衣服书本,装模作样坐在路边。有大一大二的小学妹过来问价,全部两块一件卖掉。

卖的时候会在心里默默念叨:这条碎花连衣裙是在校门口买的,经常穿着和闺密逛街;衬衫裙是在市里淘的,第一次和男友约会就穿的这件;那条短裤买的时候只花了15元,当时因为砍价太厉害,还被老板骂了半天。

到黄昏的时候,我面前一片狼藉。手里攥着一把零钱,心里空空如也。总感觉,好像把自己的回忆给一件一件卖掉了啊!心,有点堵得慌。

那几个月,校外所有宵夜摊上,坐的也都是熟悉的面孔。快告别的人们,在彻夜喝酒聊天,忏悔道歉。

那时候周围都是喝得东倒西歪的同学,有些眼圈发红,不知道是喝大了,还是憋着泪。离愁别绪的氛围浸染着每个人,几乎每桌都是醉鬼，男人光着膀子勾肩搭背聊人生，女生坐在凳子上红着脸，因为坐不稳而轻微摇晃。有人在唱歌，有人在呜咽，有人砸酒瓶，有人在表白。还有人一言不合就打架，末了却抱在一起号啕，像是末世的发泄与挣扎。

一个姑娘喝多了，披头散发坐在地上大哭。她对着耳边的电话大喊大叫："我们不分手好不好？我跟你回北京好不好？我什么都不要了，你别离开我好不好……"

缘分，让原本不是一个世界的人抱在一起依偎取暖；然后等到习惯已经浸入骨髓，再让命运逼迫你们背对背大步离开。这时候绝情分手，仿佛也就成了顺理成章的事情。

毕业季，也是分手季。

整个高中，我们曾设想过无数次高考后终于解放，如释重负，在学校叫着"再也不想回到这个鬼地方"的画面。但当班主任鞠躬说"谢谢你们忍受我三年"，当我们在黑板上写下"希望我们永远记住彼此"的时候，还是禁不住红了眼眶。

整个大学，我们曾和室友一起上网吧、KTV刷夜，一起去食堂打饭看帅哥；也曾吵架厮打，冷战排挤。恨得牙痒痒的时候，甚至想过最好以后再不相见。

但当毕业那年我们举杯共饮，发现昔日的好友兼仇敌突然眼睛里亮晶晶，那瞬间冰释前嫌，心中也忍不住变柔软，毕竟是一起过了四年的人啊。就算骂了三年四年的学校也好，当你离开宿舍的那天，看着空落落的寝室、光秃秃的床板，恐怕也会忍不住掉泪吧。

从此再没有800块能住一年的宿舍，100块能用好几个月的水电；再没有5块钱能撑到你翻白眼的食堂套餐，5块钱能洗一大桶衣服的校内小卖部；再不能坐路边对着女生吹口哨，也不能锁定球场上最帅的那个男生要电话；再没有晨跑和公选课的早上，室友尖着嗓子帮你答到；也没有发烧的下午，室友端着碗无怨无悔帮你去打饭；再没有全寝室集体去网吧打游戏看电影刷夜的日子，也没有卧谈会到半夜说句饿了，大家就一起翻铁门出去买宵夜的岁月。

我们为什么会在毕业时失声痛哭？我们为什么会那么怀念学生年代？因为我们知道：毕业后，许多人恐怕就再也见不到了，从你生命中彻底消失，不会有一丝交集。

你的眼泪，不光是因为舍不得那些和你厮混的同学室友，也是因为舍不得活在青春里的那个年少的自己。

当你不能够再拥有，你唯一可以做的就是令自己不要忘记。

　　让我们流泪的不是毕业，而是无法再重走一次的青春。

　　高中时，你捧着书做着题，熬过了一年四季。闷热的教室里只听见吊扇疯转的呼响和笔写在作业本上的沙沙声。那些翻到卷边的《五年高考三年模拟》，自习课上同桌神秘兮兮传过来的口袋书，两个人偷偷摸摸一人戴半边耳机听歌，从高三上学期就开始传来传去的同学录，还有洗得发白的校服……这些永远都活在你的记忆中，那么色彩鲜明。

　　大学里，那些仿佛永远也聊不完的寝室卧谈会，和室友的窃窃私语仿佛现在还回响在耳边；饭点所有人都懒得下楼去买饭，就派一个人买回所有人的口粮；上铺床靠门边的室友总是最倒霉，他关了大学四年的灯；下铺的室友也没好到哪里去，每天熄灯以后就成了帮所有人拿东西的苦力。

　　每年迎新晚会，舞台横幅上总是写着"梦开始的地方"。多年以后，我们才知道这句话的深意。彼时，你已经是面目模糊的中年人，你坐在公司的格子间里打盹。

　　梦里，你回到了高中的教室，讲台上的班主任正恨铁不成钢地给你们上课。左右还是熟悉的同学，他们转头对你微笑，这么多年丝毫没有陌生的感觉。

你飞出教室的窗户，到了大学的寝室里。室友正在一边抠脚一边打游戏，另一个对着镜子仔细地描眉画眼。见到你就咋咋呼呼地说："你回来啦！给我们带的宵夜呢？"

这么多年，他们仿佛没有跟随时光的巨轮滚滚而去，而是一直尘封在记忆的盒子中，等待此刻突然被揭开。他们的脸，仍是旧时模样。容颜未衰，话音也未改。那一刻，你突然恍惚了。

《东邪西毒》里有句话说："当你不能够再拥有，你唯一可以做的就是令自己不要忘记。"

理想不死，青春向上！

你远比自己想象中的
更加优秀

文 · 尹惟楚

　　一位曾在美国FBI工作六年的人像画师，做了这样一个实验：他召集了一批素未谋面的志愿者，然后依据志愿者们对自身的描述，依次画出他们的素描肖像，整个过程画师与志愿者之间都用屏障隔开。第一阶段完成后，画师又通过志愿者们的朋友、同事对他们的描述，再依次为他们画出第二张肖像，然后将前后两张画像进行对比。

　　有意思的是，通过别人描述画出来的肖像，比自身描述而画出来的，不但容貌上要俊美很多，面部表情亦更显和善、自信。志愿者们在看到对比画后，亦颇觉惊喜与感动。

　　其实，我们总是花太多的时间和精力，企图去修正那些本就美好的东西。因为很多时候，我们常常忽略了这样一个事实：你，远比自己认为的更优秀。

刚参加工作的时候，我曾有过一段极不自信的时光。那时和我一同进入公司的其他两个新人：一个是小羽，武汉大学水利专业毕业生；另一个是嘉哥，虽然只是一个大专生，但转设计前就已拥有两年的现场施工经验。所以，从某种程度上来说，他反而是我们三人当中技能水平最高的。而我，学历和理论知识比不过小羽，经验更是被嘉哥爆成灰渣。

负责带我们三个新手的李哥，经常会从他的项目中分解出一些任务交给我们。嘉哥对 CAD、Mapgis 等制图软件熟能生巧，所以总是第一个完成。小羽因为扎实的理论基础，上起手来也是得心应手，能较快完成任务。而我在学校本就没学多少，靠实习学到的那点东西又完全不够用，经常是一边问，一边翻书本，最后花很长时间把自己弄得精疲力尽，完成的结果又总是差强人意，特别是在比较嘉哥和小羽的效率及成果后，整个人陷入了一种对自己极度失望的境地。实习期间积累的那点自信，也在日复一日的失望中逐渐消磨殆尽。

三个月后，这种现象没有得到好转，我仍然是那个最早开始、最后完成的人。而且随着任务量的增大，晚上加班开始成为我的工作常态，嘉哥和小羽却不需要如此。这种感觉糟糕透了，

> 不管你现在是多少岁，不管你现在过得好不好，都一定要相信，我们的一生不会过得都不好。

倒不是加班的原因，而是由于一种对自身能力不及的无力感。

那段时间，唯一感到幸运的便是初入职场，就遇到了一位真诚的前辈李哥，每次需要加班的时候，李哥也必定陪我在办公室一起忙碌。

有一天加完班后，我和李哥两人一起去吃夜宵，酒过三巡，李哥突然说："今年你们三个进入公司的新人，大家都觉得挺不错的。"

我想了想说："这我多少沾了嘉哥和小羽的光，也幸亏这不是实习考核，不然我绝对得打包回家。"

李哥疑问道："为什么你会这样想？"

我觉得他有点明知故问，但正好借着酒力，便将对自身的不满一股脑儿倒了出来。"难道不是？小羽名牌大学毕业，专业基础扎实，上手超级快。嘉哥更不用说了，两年的现场施工经验，不但作图科学合理，造价预算更是信手拈来。现在更是明摆着的，同等规模、同等造价的三个项目，他们两个正常工作时间便完成了，而我，弄到现在才算勉强交差。"

李哥一脸错愕地望着我："纵向比较，你比我刚参加工作的时候强太多了。而即便是横向对比,你们三个也只能说是各有优势。"

看着满桌子的东西,我立马提高警惕:"李哥,我可没带钱啊。"

李哥嘴巴一撇:"没和你开玩笑。不止我这样想,公司其他人估计都这样想。小嘉经验丰富,工作起来得心应手是不假。小羽基础好,学历优秀,上手快这也没错。但现在的情况,只能说他们起点比你好,却不能成为你忽略自身优势的理由。每次带你出去,你在外面和相关单位打交道都能说会道,而且作为工科生,你的文字功底也非常不错。"

仔细一想,还真是如此。平时在外,无论跟建设单位还是施工单位,或者跟监理单位打交道,我通常都比较自然得体。而在公司内,他们甚至都慢慢养成了一个习惯,在文本上交总工前,都会托我核查一遍。

李哥喝了一口,又夹起一块鱿鱼放进嘴里:"你呀,就是吃饱没事干,愣是要拿自己的短处去跟人家的长处作比较,自然被打击得头破血流,自信全无。"

那一瞬间,我忽然有种豁然开朗的感觉。从小到大,我们一直被灌输这样一个道理：为人处世，最忌讳的便是妄自尊大。我们绝大多数人深得谦逊之道，可有时候却矫枉过正，不觉中走入另一个极端，妄自菲薄。

妄自尊大的人存在一个明显的特征，就是习惯性地放大自身的优势，而漠视了自身存在的劣势。那么同样，一个妄自菲薄的人，他的潜意识里绝对喜欢无限放大自身的劣势，而忽略自身拥有的优势。

有时候，妄自菲薄比妄自尊大更容易毁灭一个人。后者至少拥有一往无前的气势与勇气，虽然终会在现实中撞得头破血流，但从此也就学会了自我审视、脚踏实地。而前者却在一种无能的自我暗示里一步步走向寂灭，不仅踟蹰不前，甚至会仓皇后退。

特别是当这种劣势给自身造成困扰时，立马就会陷入一种自我彷徨的状态。而在这种怒己不争、恨己不能的负面情绪里，又变得越来越不自信，最终陷入恶性循环，无法自拔。

我想，人生就是一场不知终点的长途跋涉，既有生机盎然的草原，也有泥泞不堪的沼泽。走在一马平川的草原上，自然谁都是意气风发。然而，面对困境低谷时候的态度，才是检验优胜劣汰生存法则的唯一标准。而有些时候，让我们陷入绝望的并不是困境本身，而是自己在困境中失去了基本的自我认知，将自身劣势无限放大，还未开始便已丢盔弃甲、不战而逃。

每个人都有属于自己的人生轨迹，我们不是参照别人的生活方式，便能过好一生，解决困境的手段与方法更无法公式化。但是，我们或许应该尝试去理解这样一个道理：面对一些形似无解的困境，与其陷入绝望的自我否定，或是盲目地自我提升，清醒的自我认识更为重要。

世界终究没有想象中的那样美好，但也绝不会险恶到彻底无解。我们不会如儿时幻想般三头六臂、无所不能，却也绝不会真就是不舞之鹤、一文不值。

饥肠辘辘的时候，不要只看到别人有猎兔的枪，却忽略了自己捕鱼的网。一个人可以被摧毁，但绝不能自毁，永远不要急着否定自己，很多时候，你远比自己想象中的更加优秀。

我知道你终将闪耀

文·伊心

桑雨是她的网名,我们相识于一个叫作"五道口落榜群"的QQ群。

五道口是原中国人民银行金融研究院的别称,现为清华大学五道口学院,一度被誉为金融学考研的巅峰。考研成绩出来之后,不知道是谁建了这个群,但我们在群里热火朝天地聊天时,都暂时忘记了落榜的痛苦。

后来,我们一起去参加另一个学校的调剂复试,我才见到了现实中的她。她是典型的南方女孩,外表娇弱,声音很轻,但我一直记得她倔强的眼眸和一针见血的谈吐,也记得我问她为什么要考五道口时,她只回答了八个字"犯其至难,图其至远。"

那时候,考上五道口的人里有很多是二战甚至三战。我是第一次考，但她已经是第二年考了，我们俩一样差四分到复试线。想必她也和我一样，听到的言论多是"啊，只差一点，明年肯定就考上了！"

可就算"只差一点"，我也没有勇气再考一年。她也有些纠结，因为她如果再考一年就是三战了。在这场没有硝烟又孤军奋战的战役中，没人能为你担保"明年就能考上"，更没人帮你分担那些在黑漆漆的夜里睁大着眼睛独自寻找希望的孤寂，和因为孤注一掷、背水一战而承担的莫大的压力。何况女孩的青春原本就转瞬即逝，为一个学校赌上三年的时光，家人的担忧、朋友的劝阻连同自己的怀疑都像是一条难以趟过的冰河，步步艰难，无可逾越。

可我只听她轻描淡写地说起她二战时独自在校外租房复习的种种。我挺佩服她的，不说别的，就每天十四五个小时的复习强度，这已经超越了多少考研人。南方没有暖气的冬天，她独自一人在出租房里抱着热水袋看书做题，那么荒凉贫瘠的环境里，她心里全是温热的希望。

调剂复试之后，我被录取了。数番波折，百般纠结，我放弃了为五道口二战的想法，而她，还是毅然回去准备了三战。

> 我们在黑暗中掘地洞之余,
> 一定要努力化眼泪为知识。

后来我们没再联系过。我开始了研究生生活,她又翻开了那些数学复习全书、英语单词红宝书,和不知看过多少遍的专业课笔记。整整一年里,她的签名一直是阿兰·德波顿的那句话"我们在黑暗中掘地洞之余,一定要努力化眼泪为知识。"

一年的时光呼啸逝去,和已经过去的每一年一样不留痕迹。第二年的春天,朋友发给我一个链接,是五道口的最终录取名单。我一眼就看到她的名字赫然在列,初春的风透过窗子飘进来,让人无法抑制眼里的热泪。为着我所放弃的路途,她举步维艰地走到了终点,再明艳的鲜花和再响亮的掌声都不够作为对她的嘉赏。我想象她一个人趟过寒冷的冰河,遍尝孤独的滋味,在无人给予鼓励时用强大的内心力量源源不断地滋养着自己,终于走到了一个莺飞草长的春天。

三年的青春换一个梦想的入口,多少人问到底值不值,甚至有很多人称呼坚持数年考研的人为"考研病人"。可青春里的呼啸奔跑、颠沛流离,从没有多少对错和道理,"值得"二字可至轻也可至重,度量全在人心。我只是一早就知道,那个柔弱的她终将闪耀,如日光投射辽阔原野,如流星之于无垠天际。

这段时间整理新书的书稿,那些模糊的往事带着新鲜的潮湿卷土重来，我差点儿都忘了，我也曾为它们写过那么多的字。我觉得，就算走到很远很远的以后，我也再难写出比它们更坦荡赤诚、饱含热泪的字迹。因为它们所代表的坦荡赤诚、饱含热泪的岁月正一步一步和我告别，在我依依不舍地远离校园时光之时。

时光倒回到一年前，我沉默地写着它们时，并没有多少人看到。而实习单位却有几百个客户等着我一一拜访，他们都要忍受我在任务压力下不厌其烦口干舌燥的营销电话。我早已不记得他们的脸，自己开口前的尴尬忐忑，以及那些少许热情多数冷漠的回应，只记得炙灼暑气下发烫的公车座椅，盛热正午餐厅里的小憩，还有因为手里濡湿的汗水而变得皱皱巴巴的产品单页。

所以实习结束的那一天，我终于得以从西裤换成西瓜红的小热裤，和小伙伴们笑着闹着走在路上，只看到天空由于秋意的初临而变得清朗高远，一大蓬又一大蓬软绵绵的云彩让人想要跳起来大声say hi。我们都晒黑了累瘦了，可奔向未来的脚步铿锵有声。

后来开始找工作，我经常拿出它们来看看。在北京的深秋晚高峰推推搡搡的地铁站里一条条地刷新招聘通知时，在天津的初冬穿着单薄西装大衣难以抵御突如其来的降温和大风时，在上海火车站候车大厅边等火车边看第二天要面试的企业简介时。那些字迹，在后来温暖无数个陌生人之前，首先无数次地温暖了我自己。在我不知何去何从时，它们提醒着我过去的自己曾有过的勇敢和无畏，一路奔跑的身影和终于迎来的赤色艳阳。那些字迹，一个又一个，都是跳跃滚烫的初心，在字里行间得以永久封印。

时间倒回到两年前，也是暑假，第一次看到《异类》里的一万小时天才理论，我在愿望清单里写了好多个愿望，其中一个是出版一本书。后来却是马不停蹄的实习，和因为考证总要在自习室里熬至深夜的场景。疲累又迷茫的日日夜夜里，反复叩问思索，期待着命运给我一次从容选择的机会。十一月独自在宿舍写字，一推窗，白茫茫的新鲜雪地，仿佛大梦初醒一般让人心中一动。旧事纷纷如飘零落雪，只有想到自己一路奔跑一直成长的路途才觉得凛凛寒风并不可畏，也只有自己才能将一个雨水温热、山川温柔的春天唤醒。

时间倒回到四年前，上千人在一个闷热的大教室里听考研数学课。我从第一排转身向后看，他们的神情竟出乎意料地相似。后来那样的神情我在拥挤燥热的企业宣讲会上看过，在水泄不通的招聘现场看过，在新公司入职培训的动员会上看过，在校园里手挽着手热烈地谈天说地的人群中看过。

我才知道,那神情,属于无数个年轻的你和我,属于贫瘠年华里对未来最恳切的热望,属于被现实打败之前耀目荣光的无畏青春。

有段时间,网上盛传一篇叫做《为什么要努力》的帖子。也有人问我,为什么要努力?我想,是因为人生有那么多就算你努力了也无法掌控的东西。比如你寤寐思服的那个人的心,比如父母渐渐老去的容颜,比如如流沙一般无可挽回的时间。所以,对于那些努力了便能扎扎实实握在掌心的东西,为什么不珍惜,为什么不争取呢?

说到底,年轻时所有的你追我赶、冲锋陷阵,不过是为了兑换一场酣畅淋漓、了无遗憾的时光而已。让无数个看似庸碌平凡实则丰饶激荡的灵魂,在陷入回忆时能露出一抹温柔的笑意。

你一定和我一样,明白除了在寒风中裹紧衣领往前走,别无他法。它能带我们走向一个温柔明媚的春天。

而我也知道,在被庸碌现实俘虏之前,在被琐碎生活招安之前,你终将闪耀,如日光投射辽阔原野,如流星之于无垠天际。

请保持对世界的好奇

文·周冲

当下是高考录取关键时，许多家长和学生应该都等在家里，期待某所名校伸来的橄榄枝。录取的关键，无他，唯分高尔。如果是状元，则成香饽饽，被各大名校争来抢去。但奇怪的是，国外的许多名校，对高分者，似乎不太感冒。

2004年，哈佛大学拒绝了164个SAT（满分2400分）满分的中国学生，其中有家长质问学校："为什么不录取我女儿？"哈佛解释："您女儿除了满分，什么都没有。"

言下之意，SAT不是进入哈佛的万能钥匙，哈佛用以丈量学生的，是另一把更灵活的尺子。

什么尺子呢？

2010年的中外校长论坛上，有人问哈佛校长陆登庭：哈佛青睐什么样的学生？

答曰：哈佛需要知道，一个学到了很多知识的学生，是否也具有创造性；他们是否有旺盛的好奇心和动力，去探求新的领域；除了本专业的领域，学生是否关心其他领域的东西，是否有广泛的兴趣……

看到这话，忽有强光掠过，让我瞬间明白：哈佛之所以为哈佛，与这种理念是不无关系的。

是的，就是好奇。

站在分数与排名上，还对头顶的星空、脚下的尘土抱有兴趣的好奇。

站在朝九晚五的生活模式中，依然会停在某个十字路口，疑惑风从哪里来、雨要到哪里去的好奇。

站在熟稔的、平淡无奇的、理所当然的世界上，发现一个个疑点，并执拗地、有序地、科学地追问"为什么"的好奇。

站在认知的黑洞面前，不是漠然地走过去，或者给一个"我以为""应该是"的神秘主义答案，而是对着洞口伸出双手，朝里面大声喊"喂，你是谁呀"的好奇。

站在苹果树下，站在水壶的白雾前，站在确定的现象和不确定的答案中，往脑子里掘地三尺，寻找一串清晰的"因为，所

> 你以为，你长大了，成熟了，一切都看开了。
> 但，这不是成熟，这是苍老。

以"的好奇。

站在一日三餐、流年似水前，依然像杨戬一样，睁开第三只眼，永不疲倦，兴致盎然，像个孩子一样打量着这个世界的好奇。

正是这种好奇，人类文明才像蜗牛一样，缓慢但笃定地，一点点朝前挪动，直至繁荣。

也正是因为这种好奇，每一个个体，如你，如我，如他她它，才会在蒙昧中摸到这把无锋之斧，开天辟地，看见一个明亮的新世界。

我曾读过刘瑜的《哈佛大学课程清单》，在那串书单里，学科分类的精、细、密，令每一个中国人都叹为观止。

就好比，你对哈佛说，我要研究生物。结果，学校把《蜘蛛的交配过程》都列了进去。这种浩瀚与缜密，对于一个不再惊奇的人而言，就是一堆无用之物。

但如果你依然天真，拥有浩瀚的好奇心，就会如同蛟龙得水，飞鸟出笼，酣畅淋漓，兴奋满足得不像话。

天真的人，才会无穷无尽地追问关于这个世界、关于自然、关于社会的道理。

大学要造就的，正是达尔文的天真、爱因斯坦的天真、黑格尔的天真，也就是那些"成熟的人"不屑一顾的"呆子气"。

2004年，哈佛以全奖录取了一名中国学生。这名学生来自甘肃，SAT只考1560分，但是，他在高一时发明了一种过滤水装置，免费提供给附近村庄的农民。

看到新闻时，有人说，这种孩子不正是有对问题死磕的好奇心，有创造力，有执行力，还有服务于他人的热心吗？

有一回和朋友聊天，聊到当今"什么人都不想见""玩也没什么好玩的""什么都没意思"的百无聊赖之风。我说："好像大家都提不起对生活的兴趣了。"他答："因为大家都老了。"

苍老的标志，不是鱼尾纹的增加，也不是身体开始僵硬，而是，你对世界不再感到惊奇。

你走在灰蒙蒙的大街上，拖着臃肿的双腿，木着死气沉沉的脸，每天按照同一条路，回到自己的家。

你开始不理解孩子为什么喜欢游戏，因为你只想躺着。你开始不理解为什么要歌唱，要吟诗，要跳舞，要读书，你觉得有什么意思呢？矫情兮兮，一点用都没有。你开始不理解有人为什么要远行，因为你觉得"旅行就是从自己活腻的地方，跑到别人活腻的地方"，一点意思都没有。你开始不理解有人为什么爱得山

> 即便你不想成为留名青史者，之于一个普通人，好奇心也会让你摇身一变，成为磁铁，吸引身边人靠近。

崩地裂，因为你已经对别人不再好奇……

但其实，别人有问题吗？没有，是你自己出了问题。你成为一具空荡荡的皮囊。你丢失了自己的初心——那颗在年少时，也曾跃动的心——它大叫着："天上的星星好多啊，上面有人吗？它离我们有多远？奶奶，我们死了之后，也会变成星星吗？"现在，那些星星被你以成人的偏见，打入死牢。

你以为，你长大了，成熟了，一切都看开了。但，这不是成熟，这是苍老。

如果想要青春不老，请捡起被你遗弃的法宝——澎湃的好奇心。当你手持这枚宝贝，在探索之路上前行，许多奥秘会变成小惊喜，在你靠近时，忽然跳出来，像个孩子一样。然后，沿着这有趣的路途，你会发现一丛丛妙境。沉浸其中，你会觉得幸福。

即便你不想成为留名青史者，之于一个普通人，好奇心也会让你摇身一变，成为磁铁，吸引身边人靠近。

最负好奇心者，就是最受欢迎的一群。他们有意思，充满激情，充满意想不到的妙趣，总有一种神奇的办法在平淡无奇的生活里刷新你对世界的认知。

你会不由自主，跟着他，去探究充满诗意的他事他物。而生命，就成了一个秘密花园，每行一步，都有层出不穷的惊喜。

永远幸福的人，都有一颗不皱的心。

青春别怕"折腾"

文·雅婷

最近微信群聊里,闺密们的"炮火"都集中在小容身上。

这个 26 岁的姑娘,当年本科毕业从大西北只身闯荡上海滩,凭借一股子韧劲儿,在一家企业站稳脚跟,如今月收入已过万元。

姑娘年初遇到了一个优秀的上海男生,有车有房,很符合目前通行的择偶标准。闺密们议论,小容这回可要安分下来了。可当我们都替她规划好未来时,小容突然决定要辞职了。

"我想回到校园读一个硕士学位,学点新东西。"小容说,目前的工作重复性劳动多,学不到多少新东西,似乎一眼可以看到 10 年甚至 20 年后的自己。

这样的决定在闺密圈里炸开了锅,大家无一例外地反对。好心地提醒:"现在工作不好找,硕士出来都不一定能找到现在的工作，何苦呢？"会算账的劝告："硕士至少读两年，损失的工资起码几十万，太不划算。"更有毒舌的直截了当："都快奔三的人了，工作稳定收入挺好，又遇到合适的对象，瞎折腾什么？"

"折腾"是大家给小容贴上的标签。似乎"折腾"意味着不知足不安分，与主流轨道相脱节，与大多数人的设想相偏离。

必须承认，在90后都步入晚婚晚育年龄的今天，不"折腾"体现了年轻人慎重的判断与选择，因为并非每个人都适合说走就走去大理，面朝大海春暖花开。二十几岁的年纪，正是经历重大变革的阶段，一个小小的决定都可能影响人生的轨迹。对风险进行评估，比较成本与收益也是年轻人的一种理性。

当然，我们要反对那些不切实际、好高骛远的"瞎折腾"，要鼓励青年人干一行爱一行，平凡岗位创造不平凡，但我们同样需要警惕拒绝"折腾"，因为这背后折射出的可能是害怕变化、贪图安逸和不思进取。

这种对于安逸的渴求，对于变化的恐惧将青春迅速催熟，让其失去本身的活力与光泽，似乎二十几岁人生就已经定格。

难道青春经不起"折腾"吗？答案绝非如此。

来看看当下中国年轻人的众生相：正是"折腾"，让这个大

> 人生也不是一马平川，总要有一个又一个令人兴奋的坡度才精彩。

众创业万众创新的时代，涌现出一批批年轻的创客，用青年人特有的思维与活力踏准市场的节拍找到创新创业的蓝海；正是"折腾"，多少80后甚至90后离开原本安逸的工作，原本温暖的小窝，在陌生的城市或者贫困的农村编织梦想，让整个国家有一股向上的力量；正是"折腾"，磨砺我们的内心，塑造一个个强大的自我，有一份"那都不是事儿"的淡定，能够在关键时刻扛住事儿，让社会见识到年轻人的担当。

回到小容的故事，其实闺密们嘴上说反对，但心中无不暗暗羡慕她的勇气与决心。

人生不是一架精密的仪器，我们无法在二十几岁的年纪设定好一生的程序；人生也不是一辆做匀速运动的汽车，总要有各种突然迸发的加速度才过瘾；人生也不是一马平川，总要有一个又一个令人兴奋的坡度才精彩。既如此，最好的年华，别怕"折腾"。

致每一个害怕未来的你

文 · 大白兔奶精

没有人是一座孤岛，我们都是社会的一分子，所以你肯定会经历我现在所处的时光，无论是你已经经历过还是未曾经历，你都一定会通过工作与社会联结。我想来谈谈一个普通大学生从象牙塔里走出来即将面对社会的迷茫和彷徨，希望能帮到现在如我一样正在害怕、迷茫、彷徨的你。

我们总说要努力，其实我们并不知道为什么去努力，该怎么去努力。学校通常灌输给我们的是书本里死的知识。诚然知识很重要，但知识是需要累积的，需要一个厚重的沉淀过程。我们在学校里习惯被老师带着走，而非自己走。可是当你走出象牙塔的时候，你会发现你没有勇气面对赤裸裸的现实。你，被保护得太好。就像一个常年在无菌室的病人，承受不住一颗小小的细菌，一招致命。

> 人不能与他人相比,而要与自己比。今天的我比昨天优秀,今天的我比昨天进步了一点点,就很好。

所以当很多的路摆在你面前的时候,你该选择哪条,怎么选择你才不会后悔,怎么选择你才会通向你想要的未来,怎么选择才会变成更好的自己?你有些迷茫。创业?考研?公务员?企业?打工?你不知道。其实,也没有人知道未来的你究竟选择了哪条路,因为我们都没有预知的能力。

我们是生活在当下的小人物,每个人内心里都有一个英雄梦。我们从内心就认为自己是一个正义的伙伴,只是后来看过太多的残酷现实,我们逐渐退回了安全的贝壳里。不去尝试就不会受伤,不去出头就没有流言蜚语,慢慢地我们所理解的正义变成了各自安好,自扫门前雪。

你肯定也会追星吧?有时候追并不是因为自己很喜欢那个明星,而是因他身上闪耀着迷人的光芒。他很耀眼,他做到了你做不到的事,他成为了你想成为的人,他轻而易举地得到了你想要的一切。所以,即使我不追星,我还是很支持别人追星的。因为那形同于信仰,有了前进的方向,给人无限动力。

我即将面临毕业,普通大学、普通城市、普通家庭、普通样貌、普通才能,普通二字像一个紧箍咒,牢牢箍在我的头上。每当听到别人说他爸妈已经给他找好了工作单位,每当听到别人说找到了工作，每当看到没有上大学却赚很多钱的人时，庸俗的我总会忍不住羡慕妒忌恨：读了这么多年的书，要是万一我毕业后没有找到自己喜欢的工作，万一我每个月工资只有1000块，万一所有人都拥有了梦想中的职业除了我，怎么办？

有人说，你才20多岁，为什么怕做选择？其实，一切不过是因为想太多，我在害怕未知的未来。

前段时间看了一篇很棒的演讲，白岩松的。当时没有想明白，现在回想，确实句句戳心。

"如果我们要为未来忧虑的话，你拥有一辈子的机会，难道你会为了你的未来，一辈子忧虑吗？"

"爱你现在所在的时光。过去的已经过去了，较什么劲呢？未来的还没有来，你在焦虑什么？你知道什么叫真正的恐惧吗？真正的恐惧不是血肉横飞的画面，真正的恐惧是调动你的想象力，把你自己吓着了。"

曾经幻想过诗与远方，可是却慢慢迷失了方向，看不到灯塔，所以一直彷徨。我原以为黑暗中只有我一叶孤舟，可当我穿过黑暗，回过头去，原来大家都一样。人不能与他人相比，而要与自己比。今天的我比昨天优秀，今天的我比昨天进步了一点点，就很好。你说羡慕，就去努力；你说努力，就去行动。 更何况，有时候努力是因为别无选择。因为浮躁，所以彷徨，所以迷茫，所以害怕。害怕中的你什么都做不了，无所畏惧才能无坚不摧，披荆斩棘。

其实每个人都害怕未来，每个人都害怕没能做自己想做的事，没有变成更好的自己，没有遇见对的人。你只是其中的一分子，可是当你一切都无所畏惧的时候，你会发现天变得更蓝了，花变得更香了，你也变得更美了。

量变最终会达到质变的，道路是曲折的，前途是光明的。尽情去尝试吧，创业也好，做明星也好，自由职业者也好，研究生也好，公务员也好，打工也好，街头卖艺也好，那都是你的选择。你可以把生活过得很精彩，不单单是因为职业，更是因为你自己。

本来人就应该活得不一样，哪怕你最后月薪还是1000块，哪怕你没有穿上西装制服，哪怕你没能随手付款请客，你也还是正在通往你想要去的路上，你也一定会到达你想去的远方。

后来与好友聊天才发现，无论是现在在专心备考的同学，还是正在认真找工作的同学，或是在各地旅行的同学，其实我们都一样。因为年轻，因为不懂事，所以彷徨无措，甚至不知道该与谁来诉说，因为没有经历过的人不懂，跨过的人又会觉得这只是一件小事，本来就没有感同身受这种东西。

也许天气正好，也许在看的书正好，也许窗外的鸟儿叫了，忽然之间发现我已经不再害怕未来了，也不想再为未来担忧。现在的我正走向想到的地方，也许一两年内不能实现目标，那么就用三年来实现。也许过程很辛苦，可是我在做着我喜欢的事情，苦的也是甜的。更何况，我担心的障碍百分之八十都是不会出现的，它们只是心魔，我要做的是战胜百分之二十的困难就好了。

希望你和我一样，不再害怕未来，成为更好的自己，实现想实现的目标，到达想去的地方。今天的我，就是比昨天更美好的自己。

每个人都会经历这个阶段，
见到一座山，
就想知道山后面是什么。

B

为什么你想要工作，
我就要雇佣你？

——《千与千寻》

虽然害怕,虽然紧张,
但是我知道,我不能够退缩,
我不能够把自己的阵地越缩越小,
我需要去尝试很多不一样的东西。

没有一种工作
是不委屈的

文·达达令

最近有刚毕业的小孩问我，说令姐你能不能告诉我，刚进职场的时候，遇上工作上的难处了怎么办？还有就是从校园过渡到职业，人的心态该怎么调整？另外就是，刚刚开始工作的时候收入不高，该怎么解决生存的问题？

这一刻，我看见朋友圈里有人发了一条状态，说十年后你回头看今天这一刻，自己所遭遇的一切，那都不叫事儿，真的。

然后我给他回复说，哪里需要十年？一年的光景，就足够让你感觉千山万水、物是人非了。

最近跟一些老同学聊天，说起刚进职场第一年的感觉，想着那个时候自己去餐厅吃饭也得先看看菜单的价位到底是个什么水平。有个男生说自己那一年连续一个月都在楼下的快餐店点一份麻婆豆腐，这样可以既下饭又省钱。

或许你以为我要说的是一个逆袭的故事，可是我要说的这个状态是，这个男生如今依旧不是花钱大手大脚的人。他已经积攒了几年的工作经验跟人脉，如今遇上了很好的投资人，开始自己创业了，只是如今的他每次请我们吃饭的时候，已经不需要像当年那样斤斤计较菜价了，也就是说，他心里不慌了。

回到前面那个刚毕业的小孩问我的问题，本来一开始我的回答是想告诉他，说你得熬，熬过去就好了，用我闺密的话来说，只要你没死掉，那就一定能过上好的生活。我还想用尼采那一句"那些没有消灭你的东西，会使你变得更强大"来安慰这个小孩。

但是想了一会，我就删掉了这刚打出来的一排字，然后我敲出了另外几个字回复他："没有一种工作是不委屈的。"

这句话不是我说的，是很多年前我看《艺术人生》里有一期采访了我最喜欢的奶茶刘若英，朱军问她："为什么你总能给人一种温和淡定、不急不躁的感觉，难道你生活中遇上难题的时候，你不会很气急败坏吗？"刘若英的回答就是："那是因为我知道，没有一种工作是不委屈的。"

很多人都知道，刘若英在出道前曾经是她师父著名音乐人陈升的助理。刘若英在唱片公司里几乎什么都要做,甚至要洗厕所,她跟另外一个助理两人一周洗厕所的分工是一三五和二四六,这另一个助理的名字叫金城武。

回忆往事,人记住的总是美好的那一部分,至于其中的艰难,也总会被岁月所弱化。这也是我跟很多长辈请教他们过去经历的时候懂得的,他们对于那些过往的苦与难,大多时候都是一笑而过,因为他们自己也不知道是怎么过来的了。

所以回到如今现实中的问题,作为一个非职场新鲜人,我能想起来的这三四年的工作感受也是美好多于不快乐的部分。但是这个过程中,我自己感悟到的一件事情就是,我以前总以为熬过这一段时光就会好起来了,这种观点有可能是错误的。

一是没有人能给出一个答案,所谓好起来的生活是什么样的。二是这个熬过去的日子里,很多时候只是我们当下觉得困难重重,殊不知其实你所经历的,也正是大部分人正在经历的,当然那些极端个别的案例,我不想拿来论证这个事情。

刚进职场的时候,我们要学习基本的职场规则,要尽快熟悉自己工作岗位上的必要技能。我敢说我们大学里学的那些东西,到了工作环境的时候,基本上九成是用不上的。这个时候,一个人的学习能力跟领悟力就是最大的竞争力。当然除此之外，更多的是我们心态上的调节。这些事情小到我该不该跟隔壁的同事打一声招呼，大到直系领导给我安排的事情跟公司的流程规则有冲突的时候我该怎么办？

你有没有发现，这个时候你就像一个黑暗中独自摸索的孩子，没有家人，没有老师，没有师兄师姐可以问。周围一群陌生人漫无表情地穿梭于办公室里的走廊过道上，就像电影里的快镜头，你身后的景象千变万化飞速流转，你自己一个人孤独地停留在原地。

我自己本身是个慢热的人，加上性格内向，所以职场第一年里，我的状态就是很恍惚的。这种状态就是，我自己会经常在座位上边干活边发呆，这时候，周围的同事或者领导喊我的时候，我总是会很久才反应过来，然后"哦"一声。这个时候，领导已经走远了，我赶紧向身边的同事求助，问领导刚说了个什么事情，接下来赶紧各种处理。但是因为同事很多时候传达得不够准确，很多细节问题没有交代清楚，我不能去问领导，因为我刚刚回答的态度表示我已经知道该怎么做这件事情了，于是我就懵懂地把事情做完，结果想也知道，肯定是各种退回来反复修改。

也是因为这样，很长一段时间内，我差点得了抑郁症。因为觉得自己怎么做都不对，方案交上去，领导没有回话；PPT 演示完了，同事们的表情就是没有表情；做分享会的时候想把气氛弄得活泼一点，但是不知道怎么把握一个度……就是这种没有人给反馈的状态，让我觉得自己被冷落了。

几年后，我自己才慢慢摸索明白一点，作为一个职场新人，别人都是在静悄悄中观察你的所作所为。你没有多少经验谈资，所以他们看到的只是你的个性表现跟基本的职业态度。而你表现出彩的那部分，即使他们欣赏你，但是也不会表现出极其热情欢喜的样子。他们不是你的父母，也不是恩师，他们没有必要鼓励你。当然从另一面来说，他们也不会因为你做得不对而用力批评你。这种不悲不喜的状态，或者就是所谓的职业成熟人吧。

所以，就是因为这种看似不被认可的状态，你会感觉自己一直做得不好，而且也不知道怎么才是对的。还有，要只是坐在座位上干活也就算了，很多时候你需要跟各种同事打交道，他们没有好坏之分，他们只有跟你的磁场合与不合的感知。于是，你觉得有时候很小的事情沟通起来很是吃力，哪怕就是申请个印章，哪怕就是填一个流程审批表，一步步关卡让你觉得就像冒险游戏一样。只是这一场游戏里，没有刺激好玩的那一部分，只剩下闯关的寸步难行了。

也是几年后我才明白这一点，那些你看上去吃力的部分，其实恰好就是维持职场有序进行的准则所在。正是这些你当年看起来死板麻烦、密密麻麻的种种规章制度，才是一个新鲜职业人学习到东西最快的教材。因为这些准则都是一年年完善补充过来的，你熟悉得越多，适应得越快，你的焦虑感就更减少得多一些。

很久以前，我一直也都告诉自己，说熬过了这一段时间就好了。但是我慢慢发现，"熬"这个字已经不能带给我力量了。我渐渐意识到，当我职业上开始有积累，我期待自己可以管理一个团队、接一个好的项目，这个过程中，必然就涉及很多我以前没有接触过的部分，比如说如何架构团队任务，如何跟其他部门的同事打交道，如何预估项目能否按时完成的风险。这些种种比起以前那些刚进职场的小委屈，不知道要复杂多少。

而我也开始知道，那个坐在我对面办公室里的领导，他每天需要考虑整个部门的协调状况。那个每天早出晚归的CEO，他需要跟投资人说通各种前景跟趋势，他还需要面对各种错综的媒体关系外加跟国家有关部门打交道。

我身边最近多了很多出来创业的朋友，以前我觉得这是一件很牛的事情，但是时间长了，我也开始辩证地看待这些事情。那些有想法有思路有策略的创业者，大部分都是不慌不忙一步一步慢慢完善。而另一部分人，纯粹就是为了那一句所谓的"再也不在公司里干得比狗还累了"就跑出来了。结果自己组建团队的时候发现，不是几百个难处，而是没有终点的难处。因为你早上醒来的第一件事情，已经不光是要养活你自己，还要养活你手下的一批人。

于是，那些他们曾经向往的"自己当老板多自由"的想法，瞬间就没有了。这个世上哪有什么绝对的自由，不过是脚上戴着铐链跳舞的表演者罢了。

我在一个创业论坛上认识了一个北京的创业者，他的朋友圈状态每天都是一边给自己打鸡血一边想执行方案。有一天夜里，我看见他还在加班，于是我问他一句："你这么辛苦，值得吗？"他的回答是："我一开始就知道，作为一个创业者，你既要有叱咤风云高瞻远瞩的格局跟视野，你也得有一个能弯下腰当搬运工装修办公桌椅，以及种种类似清扫垃圾的农民工心态，否则你就不要来谈创业了。"

他还告诉我:"无论你是一个创业者还是职业人,你都会发现,每个阶段都有对应的难题,每个角色都会有对应的难题。这个世界不会因为你是一个打工的,就让你的苦多一些,也不会等你成为一个老板的时候,你的牛气就会多一些。那些纳斯达克敲钟人背后的重重苦,是媒体包装出来的幻象里永远不会写出来的。"

嗯,在我的判断原则里,他就属于那一类理智型的创业者。这种人即使在创业路上走不下去了,角色换成一个职业人,他也不会是糟糕到哪里去的人。

我每隔一段时间就会跟我的闺密去美容店做按摩,每次到了那样的场合,其实我有很多的不适应,因为我发现有些顾客总是对服务员呵斥来呵斥去的,我觉得很是不解。闺密跟我解释说,这是因为他们在自己的工作上各种受气,有很多压力,来到这里就是为了放松的,觉得自己在这里就是大爷了,于是对服务员稍稍不满意就各种大声叫嚣了。

说起来,我是个很夙的人,每次去按摩的时候,那些看上去比我年纪还小的姑娘每每问我力度够不够,我基本上都会说可以了。当她们小心翼翼地试探能不能跟我聊上天的时候，我总是第一时间想办法打开话匣子，不让她们尴尬，无非就是聊聊新闻、聊聊老家那些事，这些也都是我愿意说说的。

我跟我的闺密说，我们不能像那些顾客一样态度这么恶劣，我们就是从职场新人过来的，我们知道每一份工作的难处与不容易，就像我们去餐厅吃饭上菜慢了一些，催一催也就算了，没必要小题大做。我们改变不了别人，但至少我们可以在自己身上把持好基本的礼仪这一关就好。

有一次，一个按摩的姑娘告诉我，说下个月就要回老家不做了。我于是问她为什么。她说自己弟弟去年刚考上大学，需要帮交学费，自己没什么学历，只能出来做这一份工作，现在老家的经济好一点了，所以就不想在这里上夜班这么辛苦了。

后来我渐渐发现，每隔一段时间我去到这一家美容店，按摩的姑娘们都会换一批新的面孔。于是我开始明白，她们跟我一样，也是慢慢从新人过渡到成熟人，解决了基本的生存问题后，再去寻找更好的出路。于是又一批新人进来，如此循环。

我一直觉得，这个世上从来就不会有极度逆袭的事情，那些我们所听到的从屌丝一个翻身变土豪的事情，大部分是被媒体给

和高人聊天，最大的收获不是获得了什么秘诀，
而是知道哪些弯路可以避开。

夸大化了。在我所认识的人里，那个当年请我们吃饭也要看看菜单价钱的男同学，即使如今已经开始创业了，他也依旧是张弛有度地用好每一分钱；那个我在旅行路上认识的，手上已经十几个项目的投资人大叔，他也需要谦逊耐心地在自己的那个圈子里运营更大的一盘棋局。

没有谁比谁轻松如意，不过是用着自己的努力，把自己当下这一个难题干掉；不过是在错误中积攒经验，让自己下一次的决定多一点胜算罢了。

这三四年的时光下来，我依旧挣扎在职场中，依旧挣扎在生存线上。我不会告诉自己"过了这一段就好了"，如今我会告诉自己的就是，若人生真需要有这一段路要走，我宁可这些委屈分摊到每一个日日夜夜。这样如果有一天我真的取得了那么一点点成功，也不至于喜出望外得意忘形。因为我知道，这本来就是长时间一段努力顺其自然而来的结果罢了。

当然，如果这条路上有人与你同心，那么这份委屈可能会变得少一些、淡一些，就像我喜欢的一个大叔昨晚朋友圈里说的那一句："和高人聊天，最大的收获不是获得了什么秘诀，而是知道哪些弯路可以避开。"

同样的道理，这些过来人，以及或许我有一丁点资格作为另外一波过来人，所能告诉你们的就是："没有一种工作是不委屈的。"明白了这一点，或许我们对所谓"会好起来的"期盼不再是一种极致追求、需要马上呈现物化的东西，或许就是一种潜移默化的进步跟慢慢变好。

毕竟，无论在什么样的岁数里，成长这件事情，都是我们灵魂里一辈子的课题。

"钱多、事少、离家近"的工作有没有

文·但云是黑的

说起来有趣,工作多年,见过无数毕业不久的职场年轻人,每次问及他们"理想中的工作是什么样的?"大多都会回答"钱多、事少、离家近"。

你问我,"钱多、事少、离家近"的工作有没有?

有,不多,并且不属于你。

这个话题让我想起那个著名的金扁担的笑话。一个平民每天都去挑水,一天,他突然想,皇帝用什么挑水呢?半晌之后他自言自语,一定是用"金扁担"。把这个思路挪到职场里,"钱多、事少、离家近"就是普通人眼里的金扁担——美好、荒谬,且虚无。

因为多数职场新人显然弄错了"我"和工作的关系,不是什么样的工作让你去做,而是你自己需要做什么样的工作。只有把

关注点放在"我"身上，而非仅仅是对职位的价值判断上，你才能更清楚地了解自己。

我有个师妹，985大学建筑系毕业，专业水平不错。可在工作上却非常不顺利。她毕业之后进了上海一家大型设计院，薪水在应届生里算很不错，然而这份工作她只干了三个月就主动辞职。问起缘由，她说虽然待遇不错，但是这个工作事情实在太多了，不仅要负责方案设计，还要负责制图，而且是单休。她想找个更清闲一点的工作，于是就辞了。

接着她又找了个双休的工作，活儿比前一个工作少很多，每天还有时间上上网看看视频，很清闲。但闲了两个多月，她又受不了辞了职。她说虽然这个工作没那么忙，但是工资只有前一个的一半多，她还是觉得不合适。

就这么一直兜兜转转，一次次地跳槽，她一直都没有找到理想中"钱多、事少、离家近"的工作。半年前，她来找我诉苦，我跟她说了一句话："这样好像是工作在挑你，而不是你在找工作，你被你所谓的理想工作标准给束缚住了。"

差不多认清现实吧，你我都是普通人，没有那么多"钱多、事少、离家近"的工作来敲你的门。在现代商业社会中，社会的

■ 追求卓越，成功自然就会尾随而至。

    总资源就那么多，蛋糕就那么大，它不会无缘无故往你身上靠。如果说社会资源长了脚，它们只会流向可以驾驭它们的人。

    换句话说，所有"钱多、事少、离家近"的工作，就算给你去做，你也未必能做好。就好像把皇帝的金扁担送给你，你也不一定能承受得起。

    所以，请忘记那根"金扁担"吧。先关注自己，认清自己的现状，在有限的资源之战中提高自己的核心竞争力！工作可以改变，但只有核心竞争力才是一直属于你。

    我师妹在明白这个道理之后，就从了解自己的现状和需要开始，不再把时间精力花在判断工作好坏以及跳槽上面，而是认真提升自己的专业技能。这一次，她真正把自己当成了主角。现在，她已经签约了一家实力雄厚的建筑公司，并且清楚地知道了自己想要什么。

    王家卫在《东邪西毒》里说，每个人都会经历这个阶段，见到一座山，就想知道山后面是什么。

    我也想告诉职场新人们，你们也曾一次次地换工作，一次次地翻山越岭，寻找你心中"钱多、事少、离家近"的那座大山，但是结果发现山后面什么都没有，回望之下，可能会觉得前一座山更好。为什么?因为你还没有能力看见什么,你还没有那双看见大山的眼睛。而那双眼睛,就是你的核心竞争力。

有了核心竞争力,就等于脚踏七色云彩。无论在哪里,你都将是团队里不可替代的角色。在自己的专业领域做到极致,尔后那些"钱多、事少、离家近"都只不过是你应得的附属品罢了。

就像那句老话说的:"追求卓越,成功自然就会尾随而至。"

听说，
你现在过得很辛苦

文·糕糕

　　大伯年轻的时候，未过世的奶奶给他找了一份在陶瓷厂的工作，工作虽然辛苦，却还算稳定。他做了一段日子后，却辞职了，亲戚朋友问起来，他只是说："我和那些工友们相处不来。"

　　在做了很长一段时间的无业游民之后，大伯又开始倒腾起古董。他每次来家里，都会向我爸炫耀他新淘来的古董："三儿（大伯兄弟三个，老爸排行第三），你看我这块石头怎么样？"老爸就说："哥，你别说没用的。我就问你，300块钱，你能把这块石头卖出去吗？"然后大伯不说话了。

　　三十岁，他结过一次婚，后来老婆出轨，为他留下一个儿子就和他离婚了。此后他就一直单着。周围的人都劝他，再找个人吧，这样也不算是个事儿。他一直找借口敷衍过去，说"等儿子大点儿""等儿子上了大学""等儿子结婚之后吧"。现在他已经有了快两岁的孙女了,却还是孤孤单单的一个人,住在我奶奶过世之前住的房子里。

家庭聚会的时候,大伯不常说话,偶尔说几句,哪怕是一句很没营养的奉承,也没人认真听。于是在没人理他的时候,我都会冲他笑笑,然后耐心听他说一些没什么实际意义的话。然而我一认真听,他倒是变得手足无措了,上一句是"囡囡,你要听父母的话呀",然后闭上眼睛,似乎是在认真思考下一句该怎么说。再睁开眼睛的时候,却只说句前言不搭后语的"好孩子,好孩子"。

另外一个人,是老爸的高中同学G叔叔,他每隔一段时间就会来家里串门。在我小的时候,记得他每次来家里都会坐很久。后来才知道,他是在向老爸老妈推销保险。可做了几年,他把周围熟识的同学都拉进去买了保险,自己却做不下去了。后来他转行,卖过二手汽车,做过招商代理,现在,他被同伴忽悠入伙,开始销售起贵得要死的女士内衣和男士内裤。

销量少得可怜。他抹不开面子挨家挨户推销,只能又从老同学们开始了。过年前一个礼拜,他再次拜访,和之前的每一次我看到他时一样，永远都是风尘仆仆的样子，那种要使出浑身解数说服别人的决心写在脸上。他一坐下，车轱辘话就像连环炮弹突突射出来："这款磁疗内衣啊，有减肥防癌的功效，你看人家大明星都用这个……"

老爸想要帮他分析现在的市场情况，他只是反复说："好几个卖这个的人都赚了大钱，这个路子没问题！"只有偶尔响起的电话才能打断他的滔滔不绝，老妈顺势让他喝口水喘口气。

接下来，我们又被迫听了六个小时的磁疗内衣推销介绍。送走了他，老爸叹了口气："我啊，现在就怕你G叔叔以后变成你大伯那样。"

他们活得都很辛苦。生活就是一场战争。我敬佩那些在这场战争中挣扎着活下去的人们，可不是所有人的挣扎都值得敬佩。

其实，大伯和工友们相处不好只是借口，他辞职只是嫌那份工作太辛苦；辞职之后，他没有找工作，每天抱着侥幸心理做着靠值钱古董一夜暴富的梦；离婚之后，他对婚姻感到失望，他才三十岁，却在心里杜绝了一切重新开始的可能。

G叔叔换了那么多的工作，每次都是一遇到问题就推卸责任，推卸不了就干脆撒手不干；他之前做过的任何一行，只要坚持做下去，不半途而废，他的情况绝对会比现在好得多。可是他偏不，原因很简单，因为他想要的只是一种捷径，一种可以让钱来得很快还可以少付出的方法。

他们可怜，却更可悲。因为他们所谓的挣扎，不是迎难而上，而是敷衍逃避；不是脚踏实地，而是投机取巧。习惯了畏缩不前，习惯了人云亦云，本身缺乏对人和事的理性认识，不动脑子，于是精力和时间就在无意义的挣扎中被消耗殆尽。说到底，他们自己都不知道自己真正想要的是什么，要做到什么地步，要达到什么样的目标。

他们只不过迷茫地活着，迷茫地挣扎着。可是，这种挣扎真的有意义吗？

他们只是看上去很挣扎，很痛苦，很心酸，很委屈，看上去被自己渴望得到某些东西的欲望折磨着。而实际上呢？他们根本不舍得为自己的欲望付出代价。自己都不愿去拼尽全力抓住什么的时候，是根本没有资格奢求别人给你什么的，包括鼓励、支持，甚至怜悯。

> 当我们在羡慕别人的时候,不如问问自己:和别人相比,我们为了拥有这些,真的有付出过什么吗?

我有一个闺密 A,高考发挥失常,考到了一个不好不坏的大学。我回国之后去找她,她带着我参观学校,然后带我去了她的宿舍玩。她们宿舍里一共六个姑娘,我进去的时候是周末的上午十一点,除了 A,其他的五个女孩都躺在床上,要不就是抱着电脑,要不就是抱着手机。抱着电脑的互相催促:"你弄完了没有?""没呢,还差六百字!你那个在哪儿找的?"

A 偷偷跟我说,这是快要交论文了,正在补呢。不过说是补,还不是这抄一点那儿抄一点。我有点惊讶:"老师都不管?"她被我逗笑了:"老师谁管你?都抄,也管不过来。"过了十来分钟,姑娘们把论文搞定了,开始舒舒服服地靠在床上看起综艺节目来,时不时爆发出一阵大笑。聊了一会儿天,我想给 A 推荐几本书,她看上去兴趣不大,听着我说了一会儿,然后打开笔记本电脑,笑眯眯地向我建议:"我们也来看节目吧。"

这其实就是她们的日常生活。没课的时候,大部分时间就窝在宿舍里,抱着手机电脑,追韩剧看动漫。我说:"这些挺浪费时间的。"她也只是讪笑:"大家现在都这样。"

后来有一次,和 A 一起吃饭,她告诉我,不想考研了。她说,就算研究生毕业了,一样不好找工作,倒不如本科毕业就开始找，还不用浪费那个时间。如果可以，想考公务员。我说："公务员比研究生还难考。对了，你之前不是还跟我说想考会计证吗？怎么样？"她摇摇头："那个太难考了。"

我只能换了一个问："你说特别想考的导游证呢？上次我不是说了，虽然阿姨不同意，可是也可以试一试。"她摇摇头："导游证也太难考啊。"然后她跟我说，她的很多同学和她一样，对未来感到十分迷茫。然后她又说："我很羡慕你，你那边本硕连读，成绩又好，根本不用担心这些。"

我只能苦笑。她不知道我在那边一篇论文要改二十遍以上；课余时间我都拿来读课内或是课外的原版书籍；或者看美剧、听BBC练听力；每天早上六点起床跑步；每周三次游泳；坚持自学小语种……这些我没跟她说过。

当我们在羡慕别人的时候，不如问问自己：和别人相比，我们为了拥有这些，真的有付出过什么吗？或者说，真的舍得付出什么吗？要知道，这个世界上，做什么都很难，根本就没有所谓的捷径。

如果你明确了特别想要一些东西，不如再问问自己：我凭什么得到它？我想得到爱情，却没有开始放低身段去追逐一段爱情的勇气，那么我凭什么拥有它？我想要在这一行赚很多钱，却没有用心做好它并且坚持到底的觉悟，反而是遇到困难就逃避，那么我凭什么拥有它？我想要在同龄人之中脱颖而出，却没有要比别人付出更多努力的决心，那么我凭什么拥有它？

没有投机取巧，没有急功近利，只能一步一个脚印，稳妥踏实地往前走。遇到困难没有害怕，遇到打击没有后退，咬着牙为了自己的所求而坚持下去，有决心，也有毅力。

很多人总说自己很努力了，这样就可以得到其他人的一句"算了，他已经很努力了"的评价。而那所谓真正的努力，是成功之后回顾往事的感慨，绝对不是失败之后自欺欺人的借口。

最后，愿我们都拥有为所求付出一切的觉悟，毫不吝啬，脚踏实地，最终如愿以偿。

从来就没有
轻而易举的成功

文 · 林鹿 silence

最近,琪琪老是找我诉苦,工作越来越难,家庭愈加不顺心,怎么日子越活越大不如从前了。她说这些话的时候,我甚至比她还要头疼。在这偌大的朋友圈里,似乎除了我和她为生活愁眉苦脸、计较柴米油盐,其他人大概真的都能算得上是"不食人间烟火"吧?

当初涉世未深,以为什么问题都可以靠努力去解决,对此还深信不疑。可是走到现在才发现,怎么坚持成功的路就这么难?哪怕中途打个盹儿,起身时,都会在纵横交错的岔路口迷失方向。

那些与梦想息息相关的书籍资料,慢慢被一堆生活用品挤得只剩一点儿空的时候,连我自己都忽略了它们曾经压在我心里的重量。梦想、坚持、努力一类的词,统统向我砸来,后来完全就是硬着头皮逼着自己前进,然后就越发地心慌,有时候,我都快

> 每个人的成功都得之不易，
> 根本就没有必然这条路可走。

被自己的焦躁打败了。我像走进了铁笼里，太多东西禁锢了我。越是读着别人的成功，就越觉得自己无能。

为什么别人可以不费吹灰之力就享受成功？而我却不能。

我有一个在南京认识的朋友李诗，前不久在朋友圈晒出国旅游的照片和她的消费战利品，配字：公司福利。手指划过动态的时候，我居然有种被人扇了耳光的失落感，可能是自尊心又在作祟。

出国游是我一直以来想做的事情，虽说办个护照、拿着不多的钱也可以穷游了，但单从经济条件来说，我现在是没有能力去做这样一件事情的。为了表示对她小小的羡慕，我打开了会话框，然后我们就聊起来了，聊人生，聊工作，聊梦想和时装。

她家庭富裕，从小就学设计，在我眼里，她就像温室里的花朵，成长得一帆风顺，一切都按原定计划照常进行。我是非常羡慕这类人的，或许用嫉妒这个词也可以，不用像我们先天条件不好，撞得头破血流也闯不出名堂。

就在我说她的梦想轻易就可以完成的时候，她不像往日态度平和，竟有点严肃地反驳我了。她说，所有人都觉得她的成功理所当然，可这其中的艰辛却无人知晓：为了找灵感，熬通宵是常事。她从原来的肥妞爆瘦25斤，别人还笑话她是一只泄气的皮球。看着别人的作品一个比一个优秀，自己只有忍着浮躁埋头更加努力，争取拿出比任何人都好的成绩。毕业以后，工作不好找，吃喝还是靠父母，自己那点自尊心，时常被伤得体无完肤。上班后，经常被领导骂得狗血淋头，看着父母低三下四地去送礼，只是为了让她能舒心点。

她说每个人的成功都得之不易，根本就没有必然这条路可走。她也是在成功的道路上慢慢煎熬过来的，所以她不希望有人质疑她血战沙场换来的结果。说罢，还发了一个微笑的表情。我明白她是一本正经地生气了。这些都是她成功背后不为人知的秘密，果然别人只关心你飞得高不高，却很少有人问你累不累。光环下的她，的确被人羡慕嫉妒，可我们看到的结果和经历完全就是两码事。

就在这时，我突然想起，上学时，琪琪为了向左邻右舍证明她比我聪明，期中考的时候，足足半个月都没睡过饱觉。结果还是屈居我之下，她气得鼓着腮帮子，发誓再也不努力了，说努力也是白费力气。其实她不知道，她在做的事情，我也一天不落地每天都做。

不管生活怎么寸步难行,你始终都在小步小步地前行。

难道半个月的努力就能超过坚持不懈的学习?可她没发现,自己比以往前进了十几名。其实,好像不管生活怎么寸步难行,你始终都在小步小步地前行。

五年前,老妈常对我说,你现在努力还不晚。今天,这句话依然响在耳边。

我是一个没有时间概念的人,时常会想:什么时候是晚,什么时候又是不晚?七老八十算不算晚呢?初中毕业,我没有成功。大学毕业,我还是没有成功。直到今天,我还是无名小卒,为着我日夜兼程始终不能到达的成功,卑微地活着。

琪琪曾经问过我,我到底想要怎样的成功?我所追求的成功到底是什么?那一瞬间,我的词组飘散了,竟然说不好这一个我每天都在愁思的问题。大概是想比现在过得好、不用为生活惆怅、开个服装店、有辆自己的车,然后满足地活着。

她又继续问我,我究竟为这个目标做了什么?我又哑口无言,好像除了盲目地活着,我真的什么都没干,就知道愁。她这个人说话很直:"你难道想天上掉馅饼,坐等着成功来接你?可笑。"

你看,她以前上学时想得多开,可现在不依旧为了生活愁眉苦脸,再也没了以往的拼劲。

以前和大人们聊天,我说的未来总让他们觉得可笑,还会被调侃小孩子的思想就是简单,社会哪里有我们想的单纯。大人们说,他们努力大半辈子也就这样。我一直不信,我觉得我和他们不一样,我有文化,有独特的思想,我一定可以做得比他们好。后来才明白,原来真的是自己幼稚,哪里会有这么多成功白白等着你。

花到了该落的时候,一个季节也就到头了。地球转过了太阳,星辰就是时候来接班了。理想被现实打翻后,你的纯真就该定格了。剩下的交给时间,好好拼下去。

以前上过一堂课,老师拿来一枚鸡蛋。当时我们都很诧异,这节说梦想的课,为什么拿了一枚鸡蛋就上了讲台。老师让自认为力气大,或者能握碎鸡蛋的人举手。当时抱着看笑话的态度,看一个两个人都握不碎,还觉得可笑,结果自己试了一下,果然很难碎。

然后,老师说,不管是梦想,或者其他什么事情,都永远没有我们想的那么简单,也从来都不存在轻而易举的成功。

那节课,我印象很深刻,完全被老师的一字一句震撼到,就好像是说到了自己心里。轻而易举从不会存在，你想成功，就要付出比别人都要多的努力。你要保持走在别人的前面，才有胜出的可能。被柴米油盐熏腻的人生，也不能因为煎熬就放弃了那么久的历程。你不倒下去，就还有一种叫奇迹的可能。别人可以，你也一定可以。

这人生路还那么长，我不能被打败。总活在别人的成功里，你就永远找不到自己。

我现在就要去告诉琪琪，我们青春的那股劲儿还要使出来，让自己瞧瞧，它到底厉不厉害。

就算打千万次退堂鼓，
也要勇敢往前走

文·汤小小

最近收到最多的问题，是这样的：

我想去考会计，可是心里很害怕，害怕自己考不好。想了很久了，始终也下不了决心，怎么办啊？

我要去面试了，可是心里好担心好害怕，都恨不得世界末日算了，我是不是很懦弱很没用？我这样的人是不是什么都做不好？

我想做很多事情，可我总是害怕，总不敢迈出脚步，很多事情想了一遍又一遍，最后又不了了之。我是不是很没出息？

…………

看到这些问题的时候，我是感同身受的，因为我也有过无数个这样的时刻。

记得第一次做培训，是应一位朋友的邀请。在这之前，我没有做过任何培训，我不知道应该怎么去培训，但因为对方是一个相交多年、值得信任的朋友，我自己当时也想涉足这一块儿，于是毫不犹豫地答应了下来。然后一边准备一边各种担心，我怕自己讲不好会冷场，我怕会应付不了学员的提问，我怕会有各种突发状况。

退堂鼓在心里打得很响：算了吧，还是好好写稿，别出去丢人现眼了，我本来就不擅长这种事情；算了吧，这事儿好牵扯精力，而且也拿不到多少钱；算了吧，万一我讲不好，让人笑话也让朋友难做，简直是毁了"一世英名"；算了吧……

想归想，但是我知道，这件事非常有必要去做，所以就算很怕，就算很担心，最后，我还是在约定的时间坐到了电脑前。

其实那是一种很简单的培训，整个过程都是用文字来互动的。但是在打下第一行字的时候，我的手指是僵硬的，我的心跳是加速的，我的双腿是颤抖的。但这个过程也不过持续了几分钟，很快，我便渐入佳境。那天的培训做得很成功，我不但完整地把课讲了下来，在问答部分，也没有让学员失望。

很自然地，后来我接到越来越多的讲课邀请。我在很多群里讲过课，培训过特别多的学员，从最初的紧张、不安、害怕到后来的完全放松，把培训当成了一种享受，觉得就是在和一群志同道合的朋友聊天儿，没有任何压力，没有任何负担，聊得特别开心。

很多人对我说，我特别喜欢你的课，很实用很接地气，你是我的榜样。可是她们不知道，她们的榜样，第一次做培训的时候怂到什么程度。她们不知道，只差一点点，我就与她们擦肩而过。

我第一次做语音分享的时候，其实也很紧张。我声音不好听，普通话也不标准，我习惯了在文字里快意江湖，让我用语音，我真的好排斥。所以第一次接到线上分享的邀请时，我很紧张，退堂鼓的鼓点密密麻麻，在心里打了千万遍，最后还是打出一行字给对方：可以的。

虽然害怕，虽然紧张，但是我知道，我不能够退缩，我不能够把自己的阵地越缩越小，我需要去尝试很多不一样的东西。

普通话不标准没关系，我好好练；声音不好听没关系，大不了就是不能给形象加分嘛，我努力讲得好一点，说不定还能弥补一点。

于是，接下了那个邀约之后，我就开始练普通话，练发音，

> 我们必须趟过那条习惯自我否定的河，才能到达彼岸，才能成长，才会有收获，才会变得更成熟更优秀。

让好朋友给我提意见，向学播音的朋友请教。

就在这个过程中，我心里还是在不停地打退堂鼓：算了吧，我声音这么难听，万一见光死怎么办？算了吧，现在分享的人那么多，我干吗去凑这个热闹？算了吧，万一我在问答部分磕磕绊绊，多难为情啊。算了吧……

但是都答应了，就算打退堂鼓，也不能真的退。于是我在约定的时间里，再次坐到了电脑前，拿起手机，打开语音。虽然换了一种形式，发现也没什么大不了，一切都能应付自如。

有了第一次，后面就会变得顺利平坦得多。现在无论我做线上分享还是在群里讲课，都习惯了用语音，虽然声音依然不好听，普通话依然不怎么标准，但至少大家听得懂，至少讲的东西是有用的。

如果第一次打退堂鼓的时候，我真的退了下来，那么现在我的简介里不会有培训讲师这一项，我会错过很多精彩，错过很多成长的机会。

第一次到北京参加笔会，第一次参加聚会，我都会在心里打无数次退堂鼓。害怕一个人出门不安全，害怕自己应付不了人多的场面，害怕自己会给别人留下不好的印象。我甚至给这种害怕和担忧找了一个很好的借口,认为自己有社交恐惧症。

但是我知道,有些东西我迟早要去面对,我不可能真的一辈子宅在家里。于是,虽然很害怕,虽然很担忧,虽然打过无数次退堂鼓,最后我还是果断地买票,收拾行李,独自上路。甚至,为了不给自己反悔的机会,我会第一时间把自己的行程告诉主办方。

真的走出去以后,会发现,其实没有自己想象中的那么害怕。很多时候,我们都是被自己心中的各种担忧给吓住了。

上次有位读者给我留言,说她要去面试,特别担心,特别紧张,特别害怕,特别不想去。我给了她一些鼓励,她说,其实她知道,她必须去,只不过想倾诉一下,这样心里会好受一些。

几天后她再次给我留言,说面试已经通过了,她居然击败了那些研究生,成功得到了自己想要的职位。她说以后会更加自信,再也不害怕了。

我觉得这个读者好励志。我们都是普通人,遇到事情时,会害怕会担心会紧张,都是很正常的事。但是要记住,无论打多少次退堂鼓,都不要真的退下来。

如果你确定了那件事情是对你有益的，你确定那件事情是你想做的，那么，就带着担心，带着害怕，勇敢地往前走吧。我们必须趟过那条习惯自我否定的河，才能到达彼岸，才能成长，才会有收获，才会变得更成熟更优秀。

最好的时光
是偷来的

文·韦娜

出差路上,我一直在看一本书《偷书贼》,同事笑,主角为什么要偷书,这一定是个悲惨的故事。

看到他好奇的眼神,我为他讲述了整个故事。战乱中,九岁的女孩莉赛尔和弟弟被寄养在陌生人的家中,弟弟不幸身亡,悲伤之余,莉赛尔偷到了一本掘墓工人的手册,从此,她忍不住开始偷书,每天只有夜晚时,她才会偷偷和书相遇。书带给她的是另一种生活,她沉浸在奇妙的文字世界里,不愿出来。书陪伴着她,让她成长,也最终带她走向了新的生活……

听罢,同事感慨,其实最好的时光都是偷来的。

他曾经也是一个偷时间的贼,与其说偷,不如说是与时间赛跑。他至今依然怀念那段生活,正是那段时光成就了从此不同的他。

大三结束时，女友前程已定，要自费前往香港中文大学读研究生。同事家境不好，家人更希望他去上班，所以，即使他很爱女友，也无力追随。除了失恋的痛苦，还有挫败感在折磨着他。他默默地告诉自己，人生只有这一次考研的机会，如若失败，再也不回头。整个大四，他每天很早起来学习，吃饭时，走在路上，他都会时不时拿来笔记看上两眼。充实感让他觉得很快乐，他的心变得很安静。

那时，他才明白，一个身心投入的人是不会计较结果的，他更在乎整个过程中心境的成长。那年他并没有考上，也没有接受调剂，但他从考研中学到了一个非常好的学习方法，那就是如何偷时间去学习。

这位同事现在也是一个与时间赛跑的人，工作之余，他读完了MBA。我们总在感慨，若让自己去过他的生活，难免会觉得无法忍受这种辛苦。殊不知，一个偷时间的人根本不觉得生活疲惫，因为他正乐在其中，那是他一个人的世界，以及最好的时光。

我们出差时，时间会被工作安排得很满，若你再想挤时间去看一个城市的风景,难免会有些不自量力。我拿着地图计算着宾馆和景点的距离,正当想放弃时,那位同事却拿出来一个本子,上面记录着他去过的城市,和他对一些风景独特的感受。

周围的同事无不瞪大双眼,言辞中满是羡慕。这些城市都是我们一起走过的地方,若有不同,其实就是他会在心中记下城市最好的风景,然后一定会去看,那时我们多半是在睡觉或玩手机。结果就是,那些地方对我们来说依然陌生,我们好像从未去过,同事却可以拿着记录本给我们讲许多新鲜有趣的故事。

于是,我暗暗下定决心,也要像他那般,每到一个城市,一定去看其中最经典的风景。夜晚,我的内心却突然响起另一个声音:"你还真打算去?咱还是洗洗睡吧!"

凌晨四点半,我真的起来了,当我来到公园看日出时,每一束阳光从海面挣扎而出,仿佛来自天堂。那一刻,太阳平静而执着,像一个成长时想极力离开母亲怀抱的孩子。我不禁热泪盈眶,想象着多年前自己一个人去外地读书时也是这般景象,如此想挣脱那束缚。如今再给自己一次机会,我是否依然会义无反顾地挣脱那自以为是的枷锁?

> 时光如水流，不去珍惜，它只会荒废，一旦如拾珍宝般去爱它，它一定会给予你最正能量的回应。

从此，即使是出公差，我也不再匆匆赶路，我一定会"偷"出时间去看看那座城市里最负盛名的风景。到了宁波，结束了一天工作，我特意赶往东钱湖，感受渔民们独树一帜的生活和热情洋溢的笑容；到了广州，我特意到红棉树下站了许久，感受风吹过红棉的浪漫……

慢慢地，我也学着去"偷时间"，并感受其中的乐趣。比如，试着比别人晚半个小时离开公司，只为了享受安静地去读一本书的感觉，只需三个月，你会感慨自己的阅读量暴涨；在地铁上，戴上耳机，试着去学一门自己感兴趣的语言，然后你可以试着用它与外教交流。你会惊奇地发现，时光如水流，不去珍惜，它只会荒废，一旦如拾珍宝般去爱它，它一定会给予你最正能量的回应。

前几日，去北师大听余华先生的讲座。先生说想写好文，要有一种紧迫的饥饿感。所有人都不解，写作为何需要饥饿感？

先生说，最初他写作都是偷偷而写，他很怕别人知道自己在创作。他总觉得时间不够用，任凭自己如何努力，也无法填补内心的求知若渴。

先生一直念念不忘最初写作时的心境，以及他对文字的饥饿感，其实怀念的就是自己偷着与时间赛跑的满足感吧！当你用"偷"去形容内心的珍惜之情时，多半是因为内心是愿意去做这件事情的。

黑夜过后，天还未明，世界都在酣睡，唯有那些偷着与时间赛跑的人会准时醒来，他们在世界的角落里，默默地努力，做着自己想做的事情，感受着充实带来的满足感。或许他们从不会高声说出自己的梦想，但他们真的正走在梦想的路上。

我愿为每一个偷时光的人鼓掌，我愿致敬每一个与时间赛跑的人。此时，每一个偷来的时刻，都是最美的时光。等以后再回想时，或许之后所有的成功，都抵不过那时努力所带来的欣喜若狂吧！

这个夜晚，
一起回忆我们的二十岁

文·伊心

二十岁那年过得很不好，

但不会一生过得都不好。

还记得自己的二十岁吗？

那个时候因为太年轻了，任何微妙的、微小的、微不足道的情绪都会变成惊雷，轰隆轰隆，经久不息。

你听到别人否定了你，就再也不相信自己的光芒和荣耀。你因为别人不正视你，便轻易地开始怀疑自己。

因为太年轻了，你以为身边相拥之人可以走到永远里去，可一转身，大家连影子都模糊殆尽。多少轻飘飘的告别就此成了永别，而你从不自知。

也是因为太年轻了，胆怯和畏惧的时日总比勇敢的时日要多，而你明明知道的，人生不应该这么度过。可人生究竟该怎么度过，你又完完全全了无答案。

传说中"最好的时光"就这样消磨殆尽，你慢慢地沉入漩涡中，每一秒都带着挣扎和惶恐。

我有一个朋友，因为上学早，读研的时候二十岁。她说，回忆起来，她在那一年里变成了一个"一无是处"的人，全然昏暗无光。在学校成绩不好，被老师当众批评，大学时辛辛苦苦建立的自信瞬间崩塌成粉末。实习时业绩不佳，实习单位的一个正式员工几乎从来都没有用正眼看过她，就连安排工作都是："哎，那谁，你过来一下。"

当时，她羞于启齿，无法向任何人诉说，诉说这毫无来路却迟迟不走的一切痛苦。在那么漫长又焦灼的一年里，她假装和大家一样强大，就连微笑都尽她所能地保持露出八颗牙齿。

可是几年之后，当她和朋友重回校园，花开得热烈而灿烂，就像迟到的最好的时光一样。她跟朋友说，你看在这间教室里，我被狠狠地训了一顿，在所有人都走了之后一个人边收拾东西边强忍着眼泪，告诉自己哭了就输了。

> 饥肠辘辘的时候，不要只看到别人有猎兔的枪，
> 却忽略了自己捕鱼的网。

那个校园好像变了，又好像没变。而事到如今，她终于可以承认，她可能从来不曾感谢过那些痛苦的岁月，但她会感谢那个一路狂奔终于将痛苦远远甩在身后的自己。那个自己，不再轻易因为别人的否定就坠入自卑的深渊，会挣扎着从一件又一件的小事里寻找光源后面的方向。

后来，我收到过无数的来信，来自二十岁上下的年轻人。

选错了专业，找错了工作，爱错了人。被人轻视，被人忽略，被人拒绝。

要不要远走他乡，要不要回到旧地，要不要和谁谁谁相拥、相恋或者告别。

我知道对于当下的你，每一个问题都那么困扰那么庞大，可是你若能看到我的邮箱里密密麻麻的倾诉，便会知道，我们都在经历的，是大同小异的痛苦，而我只能告诉你——会好的，真的会好起来的。

如果一定要提供一些方法论的东西，那么大抵有以下几条：

多读书，读一切伟大的人的传记，感受他们是如何在漫长的一生中痛苦蜕变。随后，想象若你的一生也可以变成一部传记，那么你如今度过的一切不过是一个篇章里面微不足道的一页，甚

至一句。

找到自己的兴趣，不管这个兴趣多么微小，钻研它，享受它。

远离负能量，远离让你不快乐的人。如果无法远离，就调整心态。你可是自己故事里的主角啊，千万不要被那些路人甲乙丙丁轻易挫伤和打败。

放下手机，多出门，看花看草看天空，看一切开阔的美好的事物。你要发现这世界多么值得深爱。

也许，这些就是成长的真相吧——我们原谅了过去一切不可原谅的事物，终于一身轻松，走向远方。

今天，我站在四月如水的春夜里，稀薄的月色从紧闭的窗边溜进来，落尽一盏星光。我听到天空在酝酿一场雨，就像我们每天都在酝酿新的命运一样。

而我只想跟你说，不管你现在是多少岁，不管你现在过得好不好，都一定要相信，我们的一生不会过得都不好。

让自己拥有
别人拿不走的东西

文·赵星

每次面试应届毕业生的时候,我都会先让这些应聘者做个自我介绍。这时候,我总会听到这样的声音:

"我是××学校的,我在××实习过,我是××社团社长、学生会主席,我的 GPA 是 3.8。"

"我是××学校的,在××实习过,还在××实习过,现在去了××。"

"我正在××实习,我还投了 A、B、C、D 公司,我的理想是找一个月薪超过 7000 元的工作。"

这样的结果并不难解释:上大学前,所有的家人,上至爷爷奶奶、爸爸妈妈,下到弟弟妹妹,都认为我们应该继续小时候乖巧玲珑的行事风格。在大学里,学习上争当第一名,课余时间争当学生会主席和入党积极分子,紧密团结在好学生、好干部的周围,以期毕业之后顺利进入国企或者成为公务员。在达到这个目标之后,我们应该迅速地找个条件相当的男友或者女友,男生家买房,女生家买车,结婚生子,共同背负着房子、车子、孩子的重任,从此步入一成不变的稳定生活。而在此过程中,我们应该默默无闻地跟随着同龄人的统一步伐,在每个时间段做自己该做的事,凡事要低调,不要搞特殊。

于是好多人不服啊,叛逆啊,抗争啊,每天叫嚣着、哭喊着自己与别人的不同,可最后还是殊途同归了。因为在这个过程中,我们每个人都在试图用社会的统一标准来要求自己,并努力在这个标尺上寻找自己的位置,不敢落下一步,不敢走错一步。我们都忘记了自己想要什么,忘记了自己的优势,忘记了自己有着独一无二的DNA。

23岁的C是我的师妹,她常跟我说,她的工资很低。她经常会想,这样的日子是否值得。比如每天斤斤计较地盘算乘地铁和公交车哪个更加划算,为买不买一辆200块钱的自行车犹豫了好几个月。她害怕回到家乡,害怕和别的同学不同,害怕起步工资太低而让日后的生活不堪设想。其实我理解,在上海这样的大

> 一个人可以被摧毁，但绝不能自毁，永远不要急着否定自己，很多时候，你远比自己想象中的更加优秀。

城市里，每当看到很多学历背景不佳的人，因为不断跳槽，薪水四五倍于自己的时候；每当听到一些女孩子因为家庭背景或者某个男人的背景，找到某种捷径的时候；或者看到那些前辈炫耀名牌包包，出入高级餐馆的时候，换作谁，心里都难免会有一些妒意。

每次 C 跟我抱怨这些的时候，我总是很想送她台湾女作家李欣频说过的一段话：

"有很多人设立的目标是几年之内要升到主任，几年之后要当上主管，然后是老板……这些都是可以随时被取代的身份。只要别人比你强，关系比你好，或是公司结构调整，位子就会瞬间消失。"

所以，要建立自己的风格，把自己当成个人品牌来经营，创造自己名字的价值，帮自己建一个别人拿不走的身份，而不是社会价值下的职位。至于将来你是哪个公司的主管、哪家企业的老板，其实都不重要，因为别人看重的是你的专业、你的风格。这就是拿不走的身份。

每个人都有毕业入职的那一刻，都有信心百倍的青春年华。刚刚步入社会的时候，大多数人总是能够发现自己的不足，拼命学习来提高自己。但是第二年、第三年呢？有人开始看到职场的阴暗面，有人渐渐学会明争暗斗，有人发现投机取巧能赚钱，于是慢慢走上了这条路——在这个过程中，他们从未回头看看自己还有什么不足：身姿是否挺拔，奔跑速度是否迅捷，技能掌握是否全面。

于是，他们从健壮的青年，慢慢走进了一条死胡同，越来越窄，越来越饥饿，竞争却越来越激烈。

我的一位师兄，大学的专业是计算机，研究生读的是计算机智能专业，毕业前在著名跨国公司实习了半年，却在即将入职的时候发现了自己的知识漏洞。于是他放弃了18万元的起薪和即将到手的各种优厚福利，回到学校，申请延期一年毕业。这一年，他转战于商学院、金融系，并经常跑到哲学、中文这种看似毫不相干的院系蹭课。一年之后他毕业时，正赶上2009年金融危机，底薪比之前要低很多，但是几个月后他便3倍跳转，拿到几十万元的年薪，凌空一跃，光荣跳槽，让所有人措手不及。

师兄手里有一张关于他自己的"资产负债表"，他看到了自己的"负债"，了解自己的不足。他不看外界所能给予的一切荣

> 保持谦卑而感恩的心态，拥有不断重新归零的勇气
> 与信念，让自己真正拥有别人拿不走的东西。

光，只专心打造自己独有的东西。然后，他成功了。

其实我们可以思考一个最简单的问题："如果没有了眼前的工作，我们还能做什么？"兼职写专栏？你文字功底和思想深度如何？开淘宝店？你想卖点什么？有没有进货渠道？给中学生当家教？当年的那些知识点你还记得多少？

在物欲横流的社会里，平心静气似乎很难；但也只有这样，才能不断深入地认清自己，了解自己内在的潜能，抓住那些能够永恒不变的、真正属于自己的东西。

我们需要时刻警醒，知道什么事能做，什么事不能做；知道自己是谁，知道自己不能是谁；知道什么是自己永远拥有的，什么是别人给的、暂时的。保持谦卑而感恩的心态，拥有不断重新归零的勇气与信念，让自己真正拥有别人拿不走的东西。

你不必害怕明天，
路都是一步步走出来的

文·米格格

刚毕业那两年，朋友阿凯一直处在极度焦虑的状态中，情绪也是起伏不定。唯一的发泄方式，就是在网上写点东西，理解的人给些只言片语的安慰，不理解的人笑笑飘过，看不懂的人说他是在"发神经"，活得虚无缥缈。

其实，他的焦虑不是无缘无故的，许多人大都经历过：不敢去想未来，不知道明天在哪儿。

走出象牙塔，漂泊在异乡，手里攥着仅有的几百块钱，租着一间简陋的房子，每天去网吧投简历，把城里的各个区都跑遍了，两个月下来，就是找不到合适的工作。手里的钱越来越少，眼瞅着昔日的同学朋友都渐渐稳定了下来，心里不由得着急和恐慌。

最难受的，是父母打电话询问近况时。实话实说的话，自己面子上挂不住。父母供养自己多年，盼到了大学毕业，总以为熬出头了，若知道自己连工作都没找到，怕是心里会失望。自己能做的，就只有违心地报喜不报忧，说自己一切都挺好，挂了电话之后再偷偷地抹两滴眼泪。倒不是觉得委屈，而是体会到了生存的艰难和无奈。

没入世时，想着繁华的城市里，遍地都是施展才华的机会，就像乡村田野里盛开的小野花。可真的走进了社会，才知道多数人不过都是凑合着过日子，总得先在这个无亲无故的城市里活下来，才有资格去谈梦想。

第一份工作，每个月工资1200块，阿凯接受了，因为别无选择。月底发工资，按照天数计算，他拿到了400块钱。那400块钱，对于当时的他来说，俨然就是救命的稻草。他握到手心出汗，心里默念着一句话：终于可以生活了。

当日子逐步进入正轨时，生存的压力基本上已经解决，至少可以租得起便宜的房子、吃得起小餐馆的饭菜。然而，最初的那份焦虑却没有随之消散，反而是愈演愈烈了。

周围有人升职加薪，有人出国留学，有人进了外企，有人买了房子，有人开上了车，还有人已经开始筹备结婚的事了。别人的生活似乎总在大步向前，自己过了生存的基准线，跟别人一比，却还有着漫长的距离。

身边的女友也不再像大学时那样简单纯粹了，一份可爱多冰淇淋已经打动不了她的心，她现在想要哈根达斯；看到别人在城里的某个角落里，有了一个属于自己的家，再看自己简陋的出租房，她满心委屈，虽未直说，一切却都写在脸上。

他慌了、乱了，面对现实中的自己，他不知道明天究竟会怎样？他所憧憬的那些未来，他给她的那些承诺，在他心里，越发像是一个遥不可及的梦。

终于，爱情败给了赤裸裸的现实。许多事，想通了就不会纠缠不休、颓废消沉。失恋的痛苦在所难免，但阿凯还是清醒的。为了让自己尽快调整好状态，从过去的回忆里抽离，他将大把的时间和精力放到了工作中，不再关注周围的人是否结婚、买房、升职，那些只会平添他的烦躁。

他从原来的办公室职员，调到销售部做业务，每天早出晚归，跟诸多陌生的客户打交道。这仿佛是一扇特别的窗，让他有机会见识到另一个世界，也为他的心开辟出了另一条路。他忘记了时间和忧虑，专注于每一天的任务和每一位客户。

从最初的屡屡遭拒，到后来的小订单，再到后来拉到了大客户，一路走得崎岖艰难，却也带给了他莫大的鼓舞和信心，治愈了他心底的伤，驱逐了他莫名的焦虑。

忙碌的日子总是过得很快。现在的他，已经在公司里有了自己的立足之地——独立的办公室，办公室的门上赫然写着三个字：经理室。是的，靠着自己的奋斗和努力，他已经成了公司的业务经理，有公司配备的车，房子虽然还是租的，却早已不是简陋的小屋了。

每逢节假日，他可以坦然地给父母打电话，告诉他们一切安好，偶尔还会接父母过来小住。至于感情，那个最重要的位子依然空着，但他不再焦虑和恐慌，倘若遇见对的人，他相信，他给得起她幸福，给得起她一个温暖的家。

回首走过的这段历程，阿凯总是笑着说："以前，我很担心我的未来，每天焦虑得睡不着觉，心里就像揣着一窝兔子。后来我也想开了，就只管过好眼前吧，结果日子竟然变得好过了，事业也顺当。我突然明白，有些事情你拼命地想、担忧，根本没有用，把眼下能做的做好了，结果不会太差。"

人生的路上有无数的驿站可以歇脚，有的包袱可以等到该背的时候再去背，用不着把所有的包袱都背在今天的背上。你我都只能活在此时此刻，所以，真的不必害怕明天。

你的问题主要在于想得太多

文 · 萧萧依凡

身边有一个年轻的小朋友,最近有点焦虑。他即将大学毕业,马上要踏入社会。他的焦虑在于,他未来想立足的城市,房价高得离谱,他不知道什么时候才能拥有属于自己的小窝。

对于他的这种焦虑,我很能感同身受,毕竟我们都曾有过一样茫然失措的青春。但我们也都曾错把想得太多当作上进,似乎不焦虑就是自甘堕落。而那些经常想太多的人,总是自以为,心里有一片草原,养着一匹骏马,那匹骏马日夜嘶吼,让人寝食难安。

然而,走过那段青葱岁月,我反观从前,心里会觉得,那时的自己错过了当下,却并未真正拥抱未来。这也是我的一个同学使我看清的一个事实。

我和很多人一样,从大一开始就莽撞地奔跑,参加很多社团,出去找实习,忙得上蹿下跳。听说上一届就业形势不容乐观,据说我们会是就业最艰难的一届。这是每一届毕业生都听过的最真实、也最让人焦虑的谎言。所以,我们不得不多想一些。就业、结婚、买房,很轻易地就成了压在大家心头的三座大山。

还好,总是有另类的人,他有着和一般人不一样的节奏,譬如阳子。阳子家境贫寒,兄弟三人,都是正读书的年龄。父母负担很重。阳子的大学自给自足,学费和生活费都是自己赚来的。仅此一条,我们就可以看出来,阳子是个很上进且很励志的人。但是,在彼时我们的眼里,并不是这样的。他过得太"悠闲"了,心里似乎从来不想事儿。每天清晨和黄昏,他都会骑着那辆破旧的自行车,挨个宿舍去送牛奶。

他真的太悠闲了。他送牛奶都是吹着口哨,面带微笑。偶尔路上遇到熟人,他还会停留几秒,打个招呼,调侃几句。当然,他的兼职不止送牛奶,但是这项兼职出现在公众视线里的机会比较多,所以人人皆知。但他从来不缺席课程,也不错过学校里的重要活动。

阳子仗义,乐于助人。有一次,班级里面一个同样家境贫寒的同学因为助学贷款没及时到位,学费交不上,急得团团转。阳子一下子借了几千块钱给他。这让我们这些伸手跟家里要钱,月月精光的穷光蛋，大吃一惊。他自给自足，居然还能够攒下"小金库"。

如此仗义热情的阳子人缘自然很好。虽然他乐观平和，但是大家不免为他多想一些。"你是个光脚的孩子，你更应该多考虑下未来。""是是是，我们每个人都知道你很上进，但是这有什么用呢？送牛奶能送出个好工作吗？"大家各持己见，有人建议他，不要为了眼前这点小利益，就放弃对未来更细致的规划；有人建议他，适当的时候可以翘课，出去给自己充充电，学习好不一定能找到好工作，多积累工作经验才是正道。

不管什么样的观点，大家终归是觉得，阳子这样整天不想事儿，是对未来的不负责任。阳子的回应总是哈哈大笑。他认为，未来会一步步走过来，现在想那么多做什么？工作和钱总会有的，现在吃的这些苦未来未必有机会再次体会，所以当然要吹着口哨快乐地享受。

大家摇摇头，继续转身为自己的未来想那些该想的和不该想的事情。焦虑写满每个人的脸，未来实在让我们不能不想太多，以至于没办法好好上课，享受快乐。

毕业时，大家西装革履，兵荒马乱地穿梭在各大招聘会上，恨不能用大学四年辗转难眠的每个夜晚，感动每个面试官。而阳子，和大家一样，投简历，去面试，依然愉快地做着每一件事。

应聘之余，他还着手准备大学生创业项目。

他策划的是一个送水的项目，给各个宿舍送饮用水。水源优质，物美价廉。关键是，他几年的送奶经验让他对学生服务工作颇有心得，也擅长于跟门卫大叔和宿舍阿姨交流，收集信息。而我们，经过一轮轮的面试，工作好或者不好，最终都找到了新的奋斗方向。我们曾经焦虑的"毕业即失业"并未发生，我们并未成为自己担心的"啃老族"。

回望时光，那年毕业，阳子比我们多的并不是更高的起点，也不是后来比我们多赚的钱，而是比我们更早懂得享受当下，把每一天都过得妙趣横生。而我们，被那个跑得太远的心裹挟着，脚下步伐仓皇而狼狈，错失了太多风景。

有时，想到阳子，我会想起《海上钢琴师》里面那个指尖流淌着繁华的男人。阳子和他有着相似的特质，都专注于当下，不盲目地想太多，不过度焦虑，却让未来每一天都生出了繁花。

重温这部剧时，有一个片段，依然会让我的内心有不小的震动。当轮船受到风暴袭击时，人们东倒西歪、张皇狼狈、心生埋怨，而钢琴师来到宴会厅，优雅地弹起钢琴，任由钢琴随着轮船四处滑动。琴音美妙，而弹琴的那个人风姿翩翩，安然享受。他的怡然自得，似乎在告诉每个人，既然风暴总会过去，何必错失一个有趣的当下？

这个热爱弹钢琴的男人，他在剧中有一段经典的话，大体意思是：路上的人总是喜欢寻根究底，虚度很多的光阴。冬天忧虑夏天的迟来，夏天担心冬天的将至，所以才会不停地到处去追求一个遥不可及、四季如春的地方。

所以，什么年纪就该做什么样的事，不是想太多就代表未雨绸缪，也不是想太多就能拥有更好的未来，这样反而容易让我们错失现在。二十出头的年纪，是真正的生活到来前的过渡期，这个阶段尚未充斥着太多的柴米油盐，正是放手拼搏的好时机。想得太多，只会给自己太多枷锁，从而束缚住了脚步。

每一个未来都是由一个个不被辜负的现在串联而成，未来会通过脚下的步伐，朝我们一步步走来。要相信，如果时光能倒回，很多人想做的，真的只是，重新过好当下的每一刻，在该做梦的季节不去焦虑柴米油盐，在该柴米油盐的年龄把锅碗瓢盆的叮叮当当谱成诗歌。

别错把平台
当成你的本事

文·入江之鲸

朋友圈里，有的人喜欢晒人脉，"这个网红我认识""那些大咖，我都有联系方式""我和某某吃过饭"……究其缘由，是因为工作上的关系，结识了一些大咖。

大企业的人，似乎很容易感觉自己自带光环。出去谈合作，别人一听你是某某公司的，必然和颜悦色地好好招待。因为平台好，工作上结识的人脉优质，时间长了，会不自觉地滋生出几分多余的自信来。说白了，就是把平台带来的红利，错当作自己的能力。

我学新闻传播出身，认识不少在媒体工作的姑娘，有的人跑采访，动辄采访那些创始人啊、CEO啊、副总裁啊，这些是必然要发朋友圈的，往往还带着几句类似于"收获满满"的感悟。CEO顺便请吃个饭，有姑娘坐在别人车里拍了张自拍，幸福骄矜写在脸上,发朋友圈告知"某某CEO还开车带我去吃饭呢"。

相比之下,一个前辈的低调和清醒让我十分钦佩。因为工作原因,她七年时间都在做一线作家的访谈,接洽的都是作家富豪榜榜上有名的人物,她却写下了这样一段话用以自省——

长期对话大咖带来的虚无自信心应当克制。衬托他人光芒只是锦上添花,并不能照亮自己前路。

聪明之人,清醒地明白,哪些是自己的能力,哪些只是自己所在的平台带来的福利。

你以为你认识大咖了,可是在对方心里,你不叫张三李四,你叫某某刊物的记者。一旦你离开了供职机构,你就是个面目模糊的路人而已。对他们而言,重要的不是你这个人,而是你现在所在的平台。

很多时候,你春风满面、事事如意,不是因为你能力强,而是因为你所在的平台好。

作为一个写出过数十篇10万+爆文的作者,我告诉你创造一篇10万+爆文最简单粗暴的方法——把文章发在百万级别的大号上。在百万级别的大号上，你全文就写句"呵呵"也能轻松10万+。

在百万大号做新媒体小编，写出了篇10万+，就觉得自己天赋异禀、实力超群；在金融杂志做采访记者，采访了几个牛人，和大咖亲密接触，就自我感觉好到爆棚；在公关公司工作，手上握着一张Excel表格的网红资源，就觉得自己手握高端人脉……虽然比方得有点夸张，但仔细想想，身边这样的人还真不少。

朋友离职，忧心忡忡："唉，离了这家公司，很多我现在认识的人，恐怕根本不会搭理我了。"

在真正要离开的时候，才最清楚地看到：之前你身上的光亮，是舞台给你打的灯光，不是你自带的光芒。

也有人是欢欢喜喜离职的，手上带着大量资源，兴高采烈地奔向比原来公司多开了六千到七千的公司，结果三个月内被拿走原来公司的人脉、套出原来公司的运作模式，接下来，就价值寥寥了。

还有人从原来公司跳出来创业，这才发现，之前轻易拿到的客户，现在需要努力争取；之前无需费力维持的关系，如今需要如履薄冰地维护。

这才明白过来：原来，真正牛的是平台，而不是你。

之前在网上看到一段短文，是讲电视剧《乔家大院》里的孙茂才，原先穷酸落魄沦为乞丐，后投奔乔家，为乔家的生意立下汗马功劳，享有功臣地位。孙茂才自负地以为，乔家的生意蒸蒸日上，他居功至伟。后来，他因为私欲，被赶出了乔家。孙茂才想投奔对手钱家，钱家对孙茂才说了这样一句话："不是你成就了乔家的生意，而是乔家的生意成就了你！"

很多人常常拎不清，误把平台的资源当做自己的能耐，误把平台的成功归功于自己的本事。直到离开后才明白，原来之前盲目高估了自己的实力，厉害的不是自己，而是原来的平台。

仗着大平台拿来的资源，其实没什么好炫耀的。毕竟，离开了这个平台，你还剩下的东西，才是你真正的本事啊。

你才是自己的贵人

文·苏心

下班的路上，手机响，传来小周兴奋的声音：姐，我升职了，海外事业部经理，我终于也挣年薪了！

小周是我的一个前同事，他学的是国际贸易，由于在我们这儿专业不对口，他辞职去了一家贸易公司。

记得两年前那个三十一号的下午。已经过了下班时间，我正要关电脑回家，小周发来当天的工作日志。

这是公司规定，每位员工都要在每天早上一上班，把前一天的工作日志发给我们部门。现在发，是因为他明天就不来上班了。

我打开小周的日志，在他在岗的最后一天，工作依然安排得一丝不苟。本来他白天已经把所有的离职手续都办完了，完全可以不必再写日志。

那一刻，我心里怦然一动——这个不言不语的小伙子，他做事的态度，认真得让人感动。

记得当初小周来应聘时，虽说专业不对口，但他的表现非常出色，初试复试成绩都排在前面，属于破格录用。小周被安排到了技术部，那些高难度的软件他之前基本没有接触过。不知道他付出了多少辛苦，竟用一个月时间，全部学会了。那段时间，他整个人瘦了一圈。

正想着，小周和我来道别了，我们互相加了微信。他临出门时，我说了一句：你会很快实现自己的梦想。他有点吃惊：姐，你为什么这么说？我没有正面回答，反问他：你有什么梦想呢？小周想了想：姐，我来自农村，家庭条件不太好，我的梦想就是希望有一天和咱们公司的高管们一样，挣到年薪，让我的父母过上好日子。

我微笑：你没有问题的，到时候别忘了告诉我，让我替你高兴高兴。小周用力点头：必须的，姐，保持联系。

这两年，小周每有开心或者烦恼的事儿时，时常和我聊聊。他说自己很幸运，总是遇到贵人的提携。

在新公司，刚去不久就做了主管，两年几个台阶，事业一直

> 衬托他人光芒只是锦上添花，并不能照亮自己前路。

处于上升状态，也实现了自己的梦想。

小周的话让我想起我的朋友张总。

前段时间我去张总的公司，正值那里大动工程，职工公寓、游泳馆、体育场、健身馆，简直就是一个现代化大型企业的模样。

十年前，张总的公司才只有二十多亩地。在一次博览会上，他认识了广东的一个大老板，抱着试试看的想法，张总向这位老板推荐了自己的公司。看他态度那么认真诚恳，广东老板就带着集团几位高管来考察张总的公司了。

正值腊月，天寒地冻，广东客人穿着单薄，一下飞机就喊"冻死了"。在机场接客人的张总，早就每人准备了一件羽绒服，一行人对他纷纷点赞。

到了张总的公司，广东客人对他精工细作的产品很满意。但根据设备场地计算了产量，不符合采购标准，合作的事暂时就搁浅了。

但这次考察，张总给广东客人留下了很好的印象。广东人有吃夜宵的习惯，他们入住的宾馆不提供这项服务，张总每天晚上十点都准时给每位客人煮一份宵夜送到房间。

没有成为合作伙伴，却成了朋友。逢年过节，都彼此发节日问候。

早在七八年之前，张总的公司就开始了二期建设，产量翻了几倍。那位广东老板，也成了他们最大的客户。在经济低迷时期，张总就是靠这位大客户的支持而渡过了难关。

记得有段时间看《欢乐颂》，演到关雎尔在工作中遇到了挫折，和安迪哭诉：姐姐，长大好累呀，做事好累呀。

安迪说：和你分享件愉快的事吧，我和小曲曾经讨论过，如果你哪天失业了，我们都愿意聘用你。关雎尔惊喜地问：为什么呀？安迪回答：因为你是一个很认真而且能做好事情的人。

是啊，哪个人不喜欢做事认真又能把事情做好的人呢？

把一件件小事用心做好，就像一针一线的刺绣，近看是简单的针脚，放眼望去却是一幅美丽的画卷。人生就是无数细小的积累，一屋不扫，何以扫天下？

整天想着升职加薪，却又不安心工作。你宁可坐在办公桌前不停地刷朋友圈，刷微博，看着别人一步步抵达自己的"诗和远方"，却不愿用心把自己分内的事情做好。连最基础的工作都做不好，谁愿意给你机会？你又何谈自己的未来？

你认真读书的样子，你认真写字的样子，你认真工作的样子，真的很美。

你认真做事的态度，能吸引你的贵人，也能助你抵达美好的未来。

你，才是自己的贵人。

你当温柔，
但不是妥协

文·谢可慧

"温柔要有，但不是妥协，我们要在安静中，不慌不忙地坚强。"这句话是我在前些日子读林徽因的文章中看到的。

那一夜，我在翻林风眠的画、看莫奈的画，我调解自己的方式就是如此。许多年来，我不再那么喜欢吐露自己平常的情绪，读书和写字成了我的出口。可我又愿意在那些山雨欲来风满楼的时候，用自己单薄的力量，做最后的挣扎。或许，我也渐渐觉得，温柔，是面对自己最好的方式；不妥协，也是。

大学实习有一段时间是在一家广告公司，带我的是一个比我大六岁的女孩S。这个广告公司，有非常森严的利润分配制度：一单业务，设计人员与业务人员总共可以获得20%的提成。老板为了方便部门之间私下沟通，让业务员自行与设计员对接。两个人的分成由彼此商定。用老板的话说：重金之下必有勇夫。老板天

> 你认真做事的态度，能吸引你的贵人，也能助你抵达美好的未来。

生是自私的，不过同是打工，愿意给你更多的钱，没有人会走。据我了解，这家公司，除了被辞退的，三年没有一个员工离职。

我记得，有一个广告设计费大约是20万元。S带我去的，差不多与老板约见了三次，就定下来了。说实话，谈业务是一件辛苦活儿，专业术语自然是帮不上忙，但约时间、敲合同、定方案，来来回回改了不下二十遍。约了老板六次，成了三次。席间，我还要跟老板拼口才、拼知识、拼智慧，绝对不输任何一档节目的主持人，谢天谢地，最后幸运拍定。

S这次与公司一个资历比较深的设计师合作，内部签分成合同时，设计师突然间改口要从原先的12%增加到14%，并要求报销从设计开始到结束所有的费用。S笑着说："不好意思。如果合作愉快，我们下一单有业务的时候，可以继续合作，并重新谈分成条件。但这一次，不可以毁约。"设计师转身走去。S笑了笑，递给我一瓶牛奶——我们席间放松的时候，总是这个方式。过了两天，S把这个业务给了一个年轻的设计师。

后来我问S："为什么不和他继续谈条件，毕竟一个大项目给年轻设计师，终归是需要冒风险的。"S说："要知进退，也要懂分寸，更不要随意妥协，没有人会感激你的随意妥协。"

时光荏苒，如今我常常在想，十七岁的我，一定不会预料到，三十岁这年，我会穿着最简朴的服饰，不事雕琢地深埋在高高垒起的公文里。除了不断生成的文字组合成规矩的案卷，什么都没有。

但是，我始终不会让工作随意蚕食我的梦想。就算我在任何一天，都可能累到倒下，我也要直起腰板，"矫情"地用短暂的时光，过一段自己想要的日子。

其实，我从小到大的梦想，是当一名自由职业者。我永远记得，少年时代的写作课，每个人都要写关于未来的理想。谈到我那篇文章的时候，老师说："我觉得这篇文章很好，可是立意不行。自由职业者，是天天在家发呆，在外闲逛吗？"当时的我，像个犯了错的孩子，接受了老师的质疑。另一个接受质疑的，是我的好朋友，当年，她的梦想是成为一名卡车司机。

重新写作的时候，我还是把自己写成了一名自由职业者。然后，老师把我叫到办公室，似乎对我的顽固不化需要重新审视，也需要为我树立正确的价值观。她说："你看，她写了老师，你怎么还是写着'自由职业者'呢？"我没有作声。然后，我收到了人生作文的最低分。

我后来想了想，那时的我，可能真的太喜欢自由。那些年，我时常在下课的时候，一个人在操场上散步。身边跑过的同学成群结队，可我还是喜欢一个人。50米的操场跑道，走三圈就上课了。幼年吹过的冷风，在如今一个人写字的夜里，依然可以在窗台回味。

许多人问我："为什么工作之后还要写作？""为什么生了孩子还要写作？"无关坚持，只是我始终不愿意向现实妥协，哪怕遥不可及。多年来，再冷的天，我一旦写字，一定要开着窗。因为开着窗的时候，你的心就不会局限在小小的空间里，你感觉自己为自己开始了工作，为自己过上了自己喜欢的日子。

我平生最钦慕的人，是那些始终保持着温和的容颜，却可以不卑不亢地不妥协的人，为生活、为工作、为自己，都是如此。

三毛有一句话是："人生一世，也不过是一个又一个二十四小时的叠加，在这样宝贵的光阴里，我必须明白自己的选择。"一生短暂，我们无可辜负的，是自己日复一日的时光里，渐行渐远的自己。用桑德拉《芒果街上的小屋》里的一句话是："于是我们取我们所取，好好地享用。"

还有，我们温柔地对待，不妥协地面对一切。

世界很小，
请带着你的梦想一起奔跑；
世界很大，
请带着你的坚持一起抵抗。

——摩西奶奶

如果我们要为未来忧虑的话,

你拥有一辈子的机会,

难道你会为了你的未来,

一辈子忧虑吗?

愿你工作不仅谋生，
还有快乐

文·廖玮雯

　　有许多朋友私信我，说起自己在就业择业与职业规划中遇到的一些困境和难题。譬如，自己想做的事情可能充满荆棘，执意留在一线城市打拼，家里人又反对。有时真想听从家里的安排，回家找个工作，娶妻生子或嫁个人家，踏踏实实度过此生，可心里又总不愿甘于平凡。

　　那么，我们究竟该干什么？已经开始工作的人，新鲜感一过，常常觉得了无生气，感到沉闷无聊，好像除了领取微薄的工资，自己所做的一切都失去了意义。工作仅仅变成谋生，实在让人失望而且悲伤。

　　是否还记得小时候常常大声而稚气地喊道：我要做科学家，我要当解放军，我要做大画家，或者，我想开间小卖部，我想写本故事书，我想设计漂亮衣服……孩子从来不会考虑更多，他们选择成为的是因为他们真的想要成为，因为他们觉得这样让人感到快乐。

从何时开始，我们不那么容易从工作中获得快乐了？你发觉自己远离初心，告别梦想，然后，逐渐活成自己曾经讨厌的模样。慢慢，你已没有勇气再去面对内心深处最为强烈的渴望。或许你会安慰自己，所有人都要向生活妥协，大家都是这样。

那是因为，你只是成熟，却忘了成长。要知道，每一个选择，都需要勇气，也需要代价。想过自己想要的生活，代价或许更大。

可是你会发现，这个世上，真的有人正过着你想要的生活。

是的，工作会累，但做喜欢的事，累了值得，不会后悔，没有遗憾。我愿为了一篇文章而跑几次图书馆，也愿为提升一点业务水平啃下一本接着一本的专业著作，哪怕为此加班加点也是无怨无悔。因为自己所做的这一切，不仅为了谋生，还有热爱。

或许，你会反驳，怎么可能"由着自己的性子，去做自己喜欢的事"，甚至我连"我喜欢的事"是什么也不知道。那么，请你写下什么是"你想做的"，什么是"你能做的"。我们一起来寻找答案。

哈佛心理学博士泰勒·本－沙哈尔提出，寻找适合自己的工作，一定要考虑三个关键问题。包括：意义（Meaning），快乐（Pleasure），还有优势（Strengths）。让我们尽可能多地写下这些方面的事。

譬如，我认为有意义的事是写作、音乐、表演、影响或感动人、帮助他人成长……我认为快乐的事是写出好的作品、阅读、思考、被人肯定与赏识、烹饪、旅行……我的优势是写作能力、心理学专业、热情、幽默、沟通与问题处理能力……三者交集，你让我如何不以"写作"与"心理咨询"或者"一名优秀的老师"作为毕生的事业？

如果没有真正发挥自己的潜力，没能成为自己应该要成为的人，就难免会遭遇沉闷的苦楚。

其实，每一个结果都源于我们每一个选择，我们可选择机械与乏味，也可以赋予工作更为深远的意义。选择哪个行业，哪份职业，并不是最重要的。重要的是，你可以在工作中找到自己，成为自己，做自己想要而且应该去做的事。你的心意会指引你在"我想做"与"我能做"之间找到平衡，慢慢地，你不会是一个白日梦想家，而是一个逐渐实现梦想的梦想家。

你想要的，
生活都会给你

文·晚情

一位旧同事对我说:"好羡慕你的生活,辞职做自己喜欢的事,干得风生水起,名利双收。老公又对你疼爱有加。再看看我自己,每天上班下班,做着琐碎的事情,一点成就感都没有,每个月就拿着几千块钱工资。我也想过你这样的生活,可是一没才华,二没特长,辞职也不知道能做点什么,想想真是悲哀。"

不知不觉中,我竟然成为大家羡慕的对象。不怪我惊奇,在我眼里,我的生活再普通不过,也是每天想着怎么赚钱、怎么花钱。我想大家之所以会羡慕我,大概是因为我习惯记录生活中美好的事情,呈现在大家面前的都是幸福光彩的一面吧!至于那些琐碎和烦恼,我会自己消化,然后尽快忘记。久而久之,我就养成了积极乐观的心态,在这样的心态下,我总能感受到生活的美好。

很多人总觉得别人的生活要比自己幸福,其实每个人一出生,都是从零开始,除了自己的身世不能选择,其他都是不断选择的结果。没有谁一直是命运的宠儿,没有谁永远一帆风顺,无须妄自菲薄。所有的能力和才华,都是后天慢慢培养,逐渐积累。没有谁比谁更幸运,有的只是谁比谁更用心、更坚持。

关于这一点,阿彦的经历最能体现。

阿彦二十二岁的时候谈了人生中第一场恋爱。那时他在机关上班,过着平稳的日子,拿着不多的薪水。他很满足这样的生活,周围有人下海赚了大钱,有人拼命往上爬,这些都影响不了阿彦,可是女朋友却渐渐地不乐意了。最后,她跟阿彦提出了分手,理由很简单:你给不了我想要的生活。阿彦大受打击,默默接受了分手的结果。一个月后,他不顾家人反对,毅然放弃铁饭碗,从最基础的工作做起。我不知道他吃了多少苦,也不知道他受了多少罪,只知道他凭着一股子不服输的韧劲,渐渐地闯出了自己的一份事业。

2008年以后,传统行业都受到了网络的大冲击,看见每天下滑的销售额,阿彦一筹莫展。那时候的他,年近四十,除了所有的能力和才华，都是后天慢慢培养，逐渐积累。
没有谁比谁更幸运，有的只是谁比谁更用心、更坚持。

用电脑收发邮件、偶尔浏览一下网页之外，连QQ都不会用。对于他而言，互联网是个再陌生不过的东西，甚至他以为这辈子都不用接触。可是这个男人痛定思痛后，开始笨手笨脚地用QQ，在我的指导下学习在网上买东西，分析网络销售的特点，总结网购的利弊，揣摩网购者的心理。他不是一个很有天赋的人，加上没我年轻，记忆力也远远不如我。可即便如此，他也没有放弃。

为了让自己在最短的时间里了解互联网，阿彦经常请一些90后的下属吃饭，了解他们的想法和习惯。那段时间的周末，我几乎都在陪他参加各种各样的互联网营销论坛。阿彦虚心、脚踏实地，很耐心地一点一滴地学习、积累。

有一次，我们跟一位精通网络营销的朋友吃饭，阿彦和他侃侃而谈，朋友不可思议地说："没想到你对互联网研究这么深，有些见解连我都佩服。"那一刻，阿彦努力掩饰着眼中的得意，只有我知道，在这背后他付出了多少时间和精力。

在阿彦身上，我体会到真正的成功不在于一个人有多么聪明、多么机灵、多么幸运，而是在于他有多少坚持、多少努力。一个人若不肯学习、不肯坚持，即使再聪明、再幸运也不会成功，自然不可能得到自己想要的生活。

可以说阿彦的出现是我人生的转折点。在认识他之前，我也是个朝九晚五的上班族，脑海里有着很多梦想，却一直裹足不前，对于辞职和不辞职犹豫了很久。是阿彦对我说："你还年轻，如果真的觉得目前的工作不合适，就去追逐梦想，即使失败了也不要紧，至少你去尝试了，你努力过了，就不会遗憾。"于是，我在最短的时间里辞了职，干起了我最喜欢的事——写作。

后来，我想做翡翠，又怕赔个精光。阿彦对我说："只要是自己喜欢的，就去做，如果真的赔个精光，我和你一起吃糠咽菜。"如今，这两件事我都做得很好。想想如果不是下定决心去做，也许一辈子都会失之交臂，空留遗憾。

我们每个人从孩提时代开始，总会有很多梦想与追求，有的因为家庭条件而没法实现，有的因为时间问题只能搁置。其实，你想要的，生活都会给你，却也要你付出努力。如果你对生活还有热情和追求，为什么不去完成这些梦想，过自己想过的生活，让生命没有遗憾呢？

你给我一个冷板凳，
我修炼一个出场机会

文·萧萧依凡

朋友锋现在在一家公司的海外分公司负责市场相关工作。虽然从小到大，锋都有一个去海外工作、生活的理想，但是两年前，锋还在国内的分公司兢兢业业，看不到任何去海外工作的机会，也早没了背井离乡去海外工作的决心和勇气。直到某天，这一切被命运那只看不见的手所改变。

那是一个再普通不过的早上，锋再一次顶着加班至深夜的大眼袋和黑眼圈，早早地来到公司开始新一天的工作。老板派了秘书来叫锋过去喝茶，老板只是简单询问了几句最近工作开展的情况，就切入了正题。

老板打算对锋的岗位进行一次调整，把锋一直拓展和维护的渠道交给另外一位同事负责，锋则被调整到另外一个贫瘠如鸡肋的项目中去。大家都看在眼里，锋目前负责的渠道，从无到有，再一步步到欣欣向荣，是锋加班加点、一点一滴铸造起来的。目前，渠道的运营在锋的努力下已经步入正轨。

老板说，现在渠道已经步入正轨，谁做都一样会运作良好，所以，他计划给锋一个有挑战性的新项目。他所说的那个新项目可谓贫瘠如荒漠、寸草不生，这样不会出成果的项目之所以还存在，只不过是出于公司更长远的规划，不计较眼前，姑且维护常规运营。说白了，老板给锋调整的新岗位就是一个众所周知的冷板凳，是一个谁做都不会有太大不同和进展的项目。

而锋辛辛苦苦耕耘的渠道，则被调整给了一个无所事事的有关系的同事。确实，渠道一旦运作良好，再差也不会差到哪里，所以那个人白白捡了个现成的馅饼。

锋为此抑郁了几天，也只是几天而已。新岗位没有那么多需要加班加点的事务，上班的时间足够锋处理完手头相关的工作。于是，锋重新收获了属于自己的下班时间。不再那么忙碌的他开始捡拾起自己荒废的英语，英语读写渐渐开始游刃有余，目的无它，仅供自我充实而已。

但是，某天，在一个内部招聘的信息中，锋看到有自己心仪的海外岗位，于是毫不犹豫地投了简历。经过重重选拔之后，锋顺利拿到了这个岗位。竞聘这个岗位的内部员工，大多都有着相似的工作经历和业绩表现，于是最终起决定作用的恰恰是以往日常工作中不常用到的英语。

锋就这样在冷板凳上为自己修炼了一个新的出场机会。在收拾东西离开的那天，锋看到老板站在办公室门口，诧异地看着自己，一如最初知道他要竞聘这个岗位那般吃惊。

锋说，虽然在那些立志扎根国内的人眼中，他的新机会并不具有丝毫的吸引力，但是在冷板凳上，他实现了自己儿时的梦想，这是自己新的出场机会。

我们每个人在漫漫人生路上，都不乏坐冷板凳的机会。有时，我们可能也会遇到锋所遇到的这种状况。明明你很努力，却被人轻易地搬走了你暖热的那个板凳。眼看着你种的果树就要挂果了，摘果的那个却不是你。这种境遇，无论谁怎样的痛心疾首，似乎都无可厚非。

即使，并非出于具有针对性的恶意，我们也难免会有"受摆弄"的时候，被迫接过一个冷板凳。然而，最好的回应却只有一个，就是给自己修炼一个出场机会。

几年前，在一次公司内部大改革中，本来技术含金量很高的某部门，瞬间就变成了冷板凳。有人离开了，有人留下了却好似离开了。有一位同事就在这样的改革浪潮中，"顺利"坐上了冷板凳。他没和那群离开的或者消极留下的人一样抱怨，只是默默接过"冷板凳"放到屁股底下，每天依旧如往常般敬业。大约过了两年，他考过了注册会计师，平静地办了离职。这时，大家才知道，他早就一直在默默修炼下一个出场机会。

要知道，这个世界并不总是善意的，偶尔也会恶作剧般给你一击，然后狡黠地躲在一旁看着你作何反应。面对生活给的冷板凳，乱了阵脚，只会引来恶意旁观者的落井下石，和善意关心者的心疼。

所以，不全以善意揣测世界，亦不以恶意攻击世界，是我们面临此种境遇最大的冷静。

每张冷板凳都有不同的产生背景和最适合的对待方式。而且，并不是每张冷板凳都是别人递过来的，有的冷板凳也只是与自己能力级不匹配的产物而已。到底，是那个冷板凳配不上你，还是你配不上一个热乎乎的位置？

无论是哪种情况，最无可救药的就是"立志"把冷板凳坐穿。只怕在你打算坐穿冷板凳之际，别人却打算连冷板凳都抽走了。这时，不怨天尤人，不好高骛远，我们能做出的最好的回应就是冷静修炼，或重新登场，或华丽转身。否则，冷板凳会一直冷下去，寒彻心扉。

不给自己设限，
人生才会有更多可能

文·伊心

我最大的正能量源泉是一个肤白貌美的勤奋姑娘。她就读于北京某高校，两年制的金融学硕士，现在已经毕业，在某银行北京分行上班。在研一的这一年间，她做了如下事情：（1）专业排名前3%，关键是最让我头痛的高级微观经济学和高级计量经济学，她都考了90+，其中一门甚至是95+；（2）考过了CFA的一级和二级，考过了CPA的五门；（3）学习之余，她还从从容容地实习着，两家公司都是全国排名靠前的券商。

去年冬天，在如此严峻的就业形势下，她也不免磕磕绊绊，在家乡省会城市拿到了一个相对较好的offer之后，家人难免劝她："回来罢了，何必强留北京。"可她悄悄地跟朋友说："我不是非得留在北京不可，但是我在北京读研这一年多的收获，比我大学四年收获的都多，有时想想甚至比我前面二十几年的收获都多。这种成长的充盈感，让我舍不得放弃。"

如今，她已经入职。刚刚工作时偶尔跟朋友絮叨，自己疲惫到一开家门就要睡倒在床上。我眯着眼睛，想她考研时每天早晨六点准时起床，雷打不动枯坐12个小时的侧影，想她如今白衫西服正襟危坐地工作。我觉得即便如她所说，生活非常疲惫，我也仿佛看到她的未来，一定是光芒万丈。

看到这里，连我都误以为这是一个学霸故事。不过，我上高中的妹妹立马跟我说："我们学校今年的高考状元，以723分的总分荣膺省榜眼之后，对自己的成绩居然各种不满，分数出来没几天就回学校上自习学英语了……这才叫学霸好不好！"

所以，我讲的并不是一个学霸故事。因为这个世界上永远有人比你用更短的时间复习，考出更高的分数。我只是想说，在相同的成长环境中，总有人因为清醒自知而走得更快更远。

可能在更优秀的人眼中，她的成绩简直是唾手可得。他们甚至不用视死如归地考试，便能顺利保研到名校；也不用拼尽全力地准备，便能拿到让众人羡慕嫉妒恨的offer。但是三年前，她和我一样从大学毕业，之前的四年里，我们在一个教室里，听同样的课写同样的作业，发同样的牢骚做同样的试题。

三年之后的今天，我已经被她远远地甩在了后面，甚至只看到前面尘土飞扬，连人影都找寻不见了。那一片尘土背后，绝不仅仅是知识的匮乏和欠缺，我缺失的，还有迎难而上的勇气和挑战自我的追求。

以前，不知是由于天生的惰性，还是恐慌挫败感，我习惯了给自己设各种各样的人生界限。譬如，我就是不懂会计的记账思维，我就是不会期货市场上纷繁复杂的操作，我就是听不懂计量经济学的课……

甚至，越长大我越学会了逃避，遇到不会的问题时总是用"反正以后也不会从事这个工作"或者"反正写论文也用不到那些理论推导"来安慰自己，找了名目繁多的理由避开那些知识体系里的硬伤。我也不知道未来的生活和工作中，会不会因为现在的懒惰和逃避栽跟头，但是现在，我总算明白了，即使不栽跟头，我也差了别人太多太多。

世界变得太快，别人都在一路飞奔，如果只有你止步不前，因为罗里吧嗦的理由给自己找借口逃避学习和积累，你不仅会被

> 抛弃那些"我不行""我不会""我做不来"的精神细菌,去更广阔的人生里摸爬滚打吧!

同龄人甩在后面,以后更会有大批大批的后来居上者超越你的水平。那时候再后悔,就真的晚了。

大一时,我最敬重的一位老师曾在开会时说:"你们这个年龄的学生和青年,都可以看做一棵成长中的树。如今对于你们来说,至关重要的不是关注那树枝有多繁盛,而是如何把根扎得更深。因为,只有根扎得更深更牢固,这棵树才能愈加挺拔茂盛。"

那时候听不进去,觉得这道理谁不懂呢。如今呐,就是这个最简单的道理,我六七年之后才明白。我想老师话语中隐含的意思是:年轻时决不能为自己设限,当竭尽全力汲取知识,尽其所能尝试新事物与新体验,一点一滴地积累生而为人的经验与教训。唯有如此,才能扎下牢固和坚实的根基,吸收养分,挺拔成长。可回头看自己摇摇晃晃的脆弱的根须和营养不良的枝干,只觉得辜负了当年老师的殷切教诲。

上个月,我关注的一个公共微信号召集了一个活动,叫做"未来30天,每天都有新改变",其中列举了很多件可以做出改变的事情。作为一个经常抱怨、满腹牢骚的人,我挑选了"每天不抱怨"这件小事。

一个月过去了,我惊讶地发现自己不仅保持了每天顺畅平静的心情,摆脱了经常困扰自己的焦虑,更为重要的是,对整个人生和未来的态度都变得积极了起来。

以前从未认真思考过自己"经常抱怨、满腹牢骚"的缺点带来的破坏性影响,后来才觉得也许生活中的焦虑、易于放弃、不自信等等负面情绪都源于此。

原来,不仅仅是在知识结构和学习上,生活中我给自己的"设限"也无处不在。比如因为自己的身体比较僵硬,大学第一次上瑜伽课时,很多简单的动作做不了,但当时的瑜伽教练误以为我不愿意认真做,很严厉地训斥我:"你就不能认真地完成一个动作吗?!"

于是,直到现在,我都牢牢地记得当时的尴尬和难堪,不愿意再学瑜伽。别人一问起,我总自暴自弃地说:"我就是那种僵硬的身体,我就是做不了瑜伽。"其实认真想想,当时瑜伽教练可能只是随口说出的一句话,我却耿耿于怀了好几年,就这样一直错过了通过瑜伽这项运动来改变自己身体素质的机会。借用一个朋友比较凌厉的骂法,就是"别瞎叨叨了,你就是天天碎在地上粘不起来的玻璃心!"

如今,我不愿意再以身体僵硬为借口拒绝练习瑜伽,也不愿意再以身材不好为借口拒绝学习游泳，不愿意再以麻烦、没时间为借口拒绝在出门前化个淡妆，也不愿意再以太远了、天气不好为借口拒绝计划一场旅行。

以前总说一句话，青春如此宝贵，好像怎么度过都是浪掷。不知是要泡在图书馆自习室里阅读，还是要旅行去看波澜壮阔的世界。学霸们仍然被众人敬仰，辞职休学去旅行者也宣扬着他们的价值观。众说纷纭之外，其实大多数的我们是迷茫的，对安身立命的方式心存怀疑。于是，才有了不断的探索，不断的推翻，最终找到自己的道路。

我也不知道未来的路该如何走，或者究竟怎样活着才是"不会后悔的""正确"的一生。我只是想，不断地去尝试生活中的新事物，不轻易放弃，不轻易 say no，保持一颗好奇心，将生活过得越来越丰盛，将狭窄的人生越走越宽。

抛弃那些"我不行""我不会""我做不来"的精神细菌，去更广阔的人生里摸爬滚打吧！

时间用在哪里，
掌声就在哪里

文·老丑

刚玩摄影的时候，和其他人比起来，我似乎有着不一样的感知力。别人说熟悉单反，熟悉构图，摆弄测光，寻找灵感，再培养手指的惯性等等，少则半年，多则几年。而我相机刚到手，认真看了一本说明书，基本就会用了，而且拍的照片也都不错，出片率也可观。带我入行的兄弟也很吃惊：刚买了相机，怎么感觉你成长的速度那么快？我挠挠脑袋，吞吞吐吐地说：我，是，真，的，不，知，道。

他："你之前接触过单反没？"

我："没，这是第一款。"

他："那之前玩过相机没？"

我："很早之前的带胶卷的相机算吗？舅舅之前在照相馆工作，我很小的时候就会摆弄了。"

他:"废话!"

我很无语:"可我后来基本就不玩了,唯一能拍照的就是手机啦。"

接着,他让我用手机拍一张照片给他看看,我找好角度,又对不同的地方点了点,按下快门,一张照片呈现出来。

他拿过来,又翻了翻我的手机,笑着说:"很多人都觉得自己有天赋,所以才会比其他人更优秀。其实那些天赋异禀的人都是极少极少的,大多时候都是自己的投入和付出,才让自己显得比常人突出。"

我摸不着头脑,羞涩地听着他似乎很有道理的赞美。后面他告诉我,找角度这个过程就是构图,在手机屏幕上点来点去是测光和对焦,这些手机照相的基本原理和单反都是相通的,只是我平时不清楚而已。

当他看到我手机里一年就拍了4000多张照片,而且每一张都经过精心处理的时候,他也惊呆了。这种每天10多张精修照片的过程,也算是摄影的后期。

过去待在舅舅的照相馆,我每天都喜欢闷在暗房里,看着照片一步步冲洗出来。后来拿到相机,就算买不起胶卷,我也会整天拿着它,从取景器里观看天空白云建筑车流,想象着快门按下去的声音,以及每一幅照片拍出来的样子。

玩单反的时间不长,可我在摄影上所下的功夫,却从小到大从未间断过。而恰恰是花费在这上面的时间,决定了我玩弄单反可以驾轻就熟。

我时常在思考,周围的这些人都在相似的生活环境中长大,接受了相同的教育,又是什么决定了我们的与众不同?

很多情况大家都认为是天赋造就了不同,可有多少人拥有独特的天赋,有多少人会认识并发掘自己的天赋,好好地珍惜它?况且,天赋会随着年龄的增长,一天天被岁月消磨掉。事实上,只有极少数人可以洞察到自己的天赋并且顺着自己的天赋做事。更多情况下,我们在某个领域取得的成就,往往取决于我们在上面花费的时间。

在留学行业那会儿,有个和我一起入职的同事,一个再普通不过的公司前台。同样是接听电话,她面对的常常是预约、投诉以及日常行政的工作,而坐在办公室里的那些顾问,却穿着整齐的西装,接待家长同学,平日里拿起电话都是用英语和校方

> 拥有比别人得天独厚的优势固然重要，但更多时候，
> 决定人一生的往往是他对时间的利用。

对话。

有次团建，她偷偷跟我讲，其实她也想做顾问的工作。本以为我会笑她，但我没有，而是编了个故事告诉她，说我认识一个朋友，原来只是一个编辑，后来从文书做起，最后也成了顾问。

她问我怎么做到的。我告诉她，其实也没有什么，只是那个人比别人更辛苦一些，下班的时候经常帮着顾问做事，还有就是多花时间学学英语；要成为那样的人，必须花费更多的时间去做他那样的事。

有口无心的一句话，偏偏成了这姑娘的不竭动力。后来我离职一年多以后，有次和老同事聚会，打探到她竟真的跳到了别的公司，成了顾问。而在这期间，她平时的时间，则全部按照我的建议，一步一步去做顾问做的事，熟悉业务，学好英语。最后回馈给她的，也是她理应得到的。

我常喜欢拿这个例子去给更多的人分享，因为它并不是很逆天的成功案例，也不是屌丝逆袭的典型，只是踏踏实实做事最后换来回报的范本罢了。

拥有比别人得天独厚的优势固然重要，但更多时候，决定人

一生的往往是他对时间的利用。

那么多高材生最后沦为平庸,那么多看似资质平凡的人却能在生意场上风生水起,告诉我们的,并不是后者拥有更好的运气,而是他们更能奋起直追,善于利用好时间,专注地做事,聚集起自己成吨的能量。

要相信,那些鲜花与掌声,皆是为了某个人在某件事上所花费的时间。

你的奢望要配得上
你的本事

文·李筱懿

曾经，我有一个神一般的保姆，她在我家有着无与伦比的地位。

她只喝自己带来的祁门红茶；她必须睡硬板床，柔软的席梦思是万万不行的，因为担心驼背；她每天早晨一定要吃用纯碱手工而不是发酵粉做的馒头；她每个礼拜天必须休息；她还对我的饮食作息严加管束，我在家做的事，得由她把关。

圣诞节前几天，我准备参加闺密的年终派对，惴惴不安好一阵子才打定主意不告诉她，偷偷溜出去。当我画着美美的小烟熏，穿着 blingbling 的小礼服，拎着闪闪的小高跟鞋，猫着腰，企图逃过她火炬般的目光时，身后响起幽幽的声音：

"小李，你这是要到哪去？下午三点我们家政协会召开年度大会，我要代表理事们致辞，你得留在家里照看宝宝。"

是的，我果断地洗干净了小烟熏，脱下小礼服，放回小高跟，安安静静守着我的小宝宝，成全了神级阿姨的会议报告。

你问我为什么要忍？

因为那时，我的宝宝刚刚出生。每一个小小的孩子来到这个世界，都不会自带使用说明书。面对这个伸腿蹬脚的小人儿，全家都犯难。而我要继续工作，只有她才能搞定一切。

忽略她的脾气，她是我见过最卓越的保姆——她当得起"卓越"这个词。

孩子在她手上完全是个小把戏。除了所有带孩子的基本功，她会抚触会按摩，会拍嗝会治病，宝宝到点就睡、醒来就吃，不哭不闹、心情良好，她就是一本关于孩子的百科全书。此外，她亲手给我做固元膏，传授我中医知识，了解生活里一切的小窍门，拆洗窗帘、收纳整理、熨烫衣服、烧菜做饭、读书看报，除了不会英语，她的技能和水准简直是国际化的。

她的能力撑得起她的脾气，所以，我心甘情愿百般佩服地忍了。

今天说起久违的她，是因为我收到一个问题，有妹子问我：

"筱懿姐，怎样才能生活得更好？比如，让老板给我升职，找到一个收入体面、心胸开阔的男人，拥有一群合意的朋友？"

妹子的期望可不低呀，简直是一场关于人生的全垒打，所以，我想到了曾经高要求的神级保姆。

一个人，当TA对生活提出要求的时候，生活也会对TA提出反向要求，所以，比较现实的做法是，首先反复掂量自己有多大本领满足生活的要求，考察自己的能力与愿望是否匹配，然后再给出问题的答案。

而清醒、客观地认识自我，是个异常艰难和痛苦的过程。

这个世界上的很多人，包括我，对自我的认知，都有意无意地停留在PS的世界，自动选取最完美的角度观察自己。

TA们害怕承认是因为自身努力不够，才无法走到梦想期望的高度；TA们不肯明白是由于本人美貌不足，所以吸引不来男神和女神的爱情；TA们拒绝看清自己的性格缺陷，固执地认为目前坚持的一切都无比正确；TA们摈弃忠言逆耳的善意劝告，觉得那些不中听的真话都是羡慕嫉妒恨的打击。

总之，TA们自觉否定生活给予的真相，宁愿隔着自己PS后被美化的能力和本事，痛斥世界对自己太不优待。

人生的残忍在于，拼尽全力以后，承认自己终究不过是个普通人，有些宏大的蓝图，永远不会在自己生命的疆域里生根发芽。

能够坦然面对自我的渺小，承认自己的能力够不上愿望，愿意把目标降低到一个可行的水准，是勇气，也是智慧。

我的朋友高老师说："这世界上有很多活得很努力的女人，但是有的让人赞赏，有的让人心疼，前者姿态优雅，后者表情悲壮。有些女人，无论怎么制造热闹，都难掩心底的崩溃。分寸是个技术活儿，用力太猛难免姿势走形，你之所以迷茫，就是因为你的才华和你的梦想不匹配，而活得老让人觉得心疼，也是因为能力与愿望不匹配。"

这是我一大早扒拉了半天，从她朋友圈里找出来的。

回到今天的这个问题，怎样才能获得美丽人生？怎样才能拥有好职业、好男人、好朋友？

先看看手中的底牌，衡量下能够付出的代价，计算出必须付诸的勤奋，然后，设置一个可以达到的目标。

作为千千万万普通人中的一员，我们需要接受事实：即便再当能力与愿望匹配，所有期许都是正当需求；
当能力小于愿望，所有要求便都成了贪婪的妄想。

勤勉，比尔·盖茨也只有一个；即便再深情，布拉德·皮特的老婆也只能是安吉丽娜·朱莉；即便再贴心贴肺，马克思和恩格斯那样的友情也是可遇不可求的。

我们如今得到的一切，都是愿望与能力最终谈判和妥协的结果。

还记得《渔夫和金鱼》的故事里渔夫的老太婆吗？她要钱，要大房子，要珠宝，要仆人，要当女王，可是最后，她一无所有——因为她的奢望远远超越了她的本事。

当能力与愿望匹配，所有期许都是正当需求；当能力小于愿望，所有要求便都成了贪婪。

努力与用力的区别是，前者向着唾手可得的梦想，后者朝着遥不可及的奢望。前者虽然辛苦，但是快乐；后者即便暂时热闹，也难免结果寒荒。

我和我的神级保姆最终难免一别。

在我的钱包赶不上她的工资增长要求后，我心痛地和她分开，心情之沉重犹如被人棒打了鸳鸯。我深深地知道，我没有本事再继续拥有她，我的能力与我的愿望不再匹配，只好放弃。

我找了一个月薪 RMB2500 的大姐。她带孩子的时候就顾不上做饭，做了饭就来不及洗衣服，她看不了书读不了报，自己的名字也写得歪歪扭扭。

但是，她每两个礼拜才休息一天，每次休息，她老公都来到我家楼下高高兴兴接上她手牵手走回家；只要我有工作，她毫无怨言调整自己的休息时间配合我；我生病了，她实心实意给我倒水买药量体温。

我喜欢她，她才是和我匹配的那个人。

而前面那个，我高攀了，所以活该累。

别忘了此时此刻
你的勇气

文 · 张南

1

去年下半年，我去参加过一个很奇怪的活动，需要参与者在纸上写下一个具体目标，然后主办方会帮你保管起来，直到半年后你再回来拆开这封信件，看看你的这个目标实现了没有。

上个月回去的时候，发现很多人的目标都拆开了，然后挂在墙上和大家分享成果。有的人是立志要在半年内减肥十斤，有的人是要在半年内追到一个漂亮的女朋友，也有的人是要在半年内学会英语口语。后来，有的人实现了目标，有的人半途而废了。

当时刚好有个分享会，期间有一个35岁左右的男人上去分享自己的坚持。他说，写下这个目标的时候，其实不只是写在纸上，更多的是写在自己的心上。因为坚持做一件事，从来都不会很容易。

　　这个男人的半年计划是每天早起跑步。这听起来是一件很酷的事情，无论大风大雨，还是前一天晚睡，他都坚持起来跑步。他说，想要让自己身体更健康，必须努力锻炼。一开始会觉得很难，因为立下目标只需要五分钟，可是坚持这个目标却要每天都克服懒惰。

　　所幸的是，他坚持了下来。他把自己的目标告诉了全家人，让所有人都来监督他，一旦他没有做到，他就要承包家里一年的家务活。

　　他说，如果有勇气开始，那请你也有勇气坚持，坚持去完成你曾经拍着胸膛想要做到的事情。

　　我看着台上这个因为坚持跑步而神采奕奕的男人，也跟着大家一起鼓起掌来。旁边一个姑娘低头问我："你完成半年目标了吗？"我笑着说："我的目标是半年内每天坚持写作，然后努力写稿争取出书。现在，我的新书已经进入制作流程了，可是，我并没有做到每天坚持写作，所以，我也是那个只有开始的勇气，却没办法坚持的人。"

　　那天我看到那些坚持完成了目标的人，突然明白了自己不能

> 一开始的勇气很重要,而坚持下去的勇气,或许更重要。

改变生活的原因:因为改变生活的第一步,是改变你自己。我们总是能轻而易举地许下承诺,拍着胸膛说出自己的"诗和远方",可是,别忘记了一开始你出发的勇气,这样你会更有可能坚持到终点。

2

英语酷炫到不行的电影《中国合伙人》里,主角成冬青是我很佩服的角色。

一开始,他没能如愿考上自己想要的大学,他没有放弃,一直坚持,最后如愿以偿;在他毫无预兆地喜欢上一个姑娘的时候,除了一开始表白的勇气,他更能坚持不懈地勇敢追求,坚持用自己的这份勇气来让对方喜欢上自己;还是一开始,他的英语口语因为发音问题,听起来像日语,但是当他翻到英语词典里的那张书签,看到上面写着"有天你会让我妒忌的",那一刻他获得了莫大的勇气,最后真的就成了那个让人妒忌的人。

看到他勇敢倒腾、壮志豪言的那一幕,你也一定不会陌生吧。我们都曾这样勇敢过,每当我们立志要完成某件事情、某个目标的时候，我们也会这样勇敢。就像我们说要好好念书，就像我们说要过英语八级，就像我们说要周游世界……

可惜的是，我们很多人都只有开始的勇气，却缺乏坚持的勇气。

3

你有没有试过，为了一个人而去改变自己？

你有没有试过，得到一份更好的工作而去改变自己？

你有没有试过，实现自己的一个梦想，而去努力改变自己？

你当然试过，一开始我们也曾经胸怀勇气，斗志昂扬。只是，很多人没能坚持下去，没能把这份勇气一直坚持下去。于是，那些坚持下去的人，成功改变了自己，让自己变得更好了。

电影《那些年我们一起追的女孩》里，柯景腾说："突然有一天你发现，努力念书也可以变成一件很热血的事情。"于是，他努力学习，努力学好英语。光着身子站在家里的阳台上大声朗读英语，就算每次都会被对楼的大叔嘲笑，他也依旧认真而大声地背单词。

他也会烦闷,也想过放弃,可终究没有。我想,这就是勇气吧。为了一开始拍着胸脯说"我要是认真念书肯定会比你厉害"这句话,他坚持了下去,身为学渣的他最后居然考了一个很不错的成绩。

所以,一开始的勇气很重要,而坚持下去的勇气,或许更重要。无论你在做着什么样的工作,还是坐在学校的教室里学习怎样的知识,都请不要忘记,一开始你曾经为了梦想而有过的勇气。把那一刻的勇气,变成此时此刻的坚持,你终将遇见更好的自己。

你要的稳定，
不是真的稳定

文 · 米粒

头几年，表弟小刚的公司业务扩张，领导有心让他多接触几个全新领域，但新项目生疏繁琐，需要从头学起，而且风险重重，效益也不稳定。小刚总觉得麻烦，不如原来干得顺手，婉言谢绝了领导的好意。我劝过他几次，但他总觉得眼前的稳定比什么都重要，没必要为了不一定成功的事情费时费力。

结果今年一开春，新业务逆势上涨，迎来了急速扩张期。小刚所属的传统部门萎缩衰退，工资平均下调了40%。

我们办公室里一位同事叫青姐，今年33岁，女儿两岁半，每个月只有信用卡还款日才主动给老公打电话。平日里，宋仲基、霍建华、阮经天挨个儿追，热情程度不输萌妹子。有一次还装病请了半天假，集结了十几个华粉去机场接机，和霍建华合了一张影，激动得差点晕过去。

我们都打趣她追星也得看身体啊，这么大岁数了，还跟着小朋友东奔西跑，熬夜尖叫，第二天还得上班打卡、料理家务，体力透支老得更快啊。

青姐忽然就塌下眉毛，喃喃地说："可我就是想有个机会能好好疯狂地爱一场啊。我看到他们在电视剧里阳光帅气，宠起女朋友来人神共愤，我就心潮澎湃。我不是迷他们，我是迷爱啊。"

曦曦不明就里地问："那您老公呢？"青姐叹了口气，说："我们是相亲认识的，他工作踏实，为人木讷，所有人都告诉我，和他结婚会很稳定。是啊，我们足够稳定，每天6点起床，11点睡觉，每三天一次大扫除，闭着眼睛也知道日子怎么过下去。可我俩真的没话说，我真的不快乐啊。稳定就像是一张符咒，镇住了我对爱情所有的憧憬，我也只能在一地鸡毛中追几个肥皂剧的男主角了。"

看着青姐欲言又止的样子，我和曦曦都默默地闭上了嘴。

不知从什么时候开始，稳定成了衡量一件事或一段关系的重要砝码。只要够稳定，喜不喜欢、幸不幸福、值不值得都显得没那么重要。可稳定真的就该是我们追求的最佳状态吗？

不想冒险的小刚误以为抓住了稳定,而青姐又把爱情溺毙在一成不变的柴米油盐中,可这光怪陆离的世界哪有什么不变的东西?在波诡云谲中刻意去维持不变,就好比削足适履、因噎废食,一潭死水又怎能抵住突如其来的阵阵涟漪呢?

就像我们爬山一样,山脚下地势最低,也最稳定。一旦开始攀爬,就会有速度、节奏、体力、适应能力等各种差异,就会产生缓急快慢,而这个时候,如果伴侣不能理解和正视这种差异,很可能就会用维系家庭稳定的托辞来"勒索"你。

在变化中,离开还是留下,割舍还是不弃,都会日夜煎熬着你。两方中只要有一个不愿改变,稳定立马就会逼你作茧自缚、画地为牢。而我们苦苦追求的是真的稳定吗?

从上班的第一天就知道退休的样子,不是真的稳定。从上班起第一天就努力奋斗,修炼到强大的内心、丰富的经验、独到的眼光和优质的行业人脉,才是真的稳定。

同样,一成不变、委曲求全的婚姻也不是真的稳定。敢于表达自己的想法、敢于追求梦想、在彼此成全和支持下实现双赢的婚姻,才是真的稳定。

我和老公是大学同学,考研时他去了清华,我落榜只好先去

> 经不起波动的稳定不是真的稳定，生活需要波澜，感情也需要挑战。

工作当老师。从同学到师生，从朝夕相处到天各一方，瞬间打破了最初的稳定。后来我因为工作突出，在第三年的时候被学校选送到北师大读研究生，他也毕业了，开始从事自己喜欢的工作。再后来，我码字，他摄影；我学口语，他练书法；他公派去了新加坡，我又出差去了美国。我们在不稳定中一路前行，始终在前方注视和呼唤着对方，在暂时的失衡中持续地输入外部能量，来抵抗任何可能出现的扰动。

孟子在几千年前就说过："生于忧患，死于安乐。"安逸是事业和家庭最大的杀手。当我们已知所得为固定值的时候，趋利避害的心理会让大多数人选择减少付出，以求得利益的最大化。就像太稳定的工作会让人坐享其成不思进取，太稳定的婚姻会让人降低标准自我放弃。任何一段关系，如果觉得自己不需要任何努力就可以无限保持下去，那不是什么值得骄傲的事。

在攀爬婚姻和事业这两座高山时，越高越有风险，但越高也越有质量，越有价值。有些危机，有些底线，没什么不好。变化是机遇，动荡是挑战。只求稳定意味着把一切可能都关在了门外，于是梦想、自由、爱情、探索都成了稳定的祭品。

经不起波动的稳定不是真的稳定，生活需要波澜，感情也需要挑战。"流水不腐,户枢不蠹。"活水带来的是两个人共同面对困难时的携手作战,是两个人为了彼此不断地努力进取。我不希望余生的每一天,你我都紧巴巴地躺在婚姻的天平上严阵以待、草木皆兵。我希望的是我们敢于打破稳定,不断挑战自我。因为我需要的是在未来的每一天里,更好的我身边站着的是一个更好的你。

别让你的梦想
只是梦和想

文 · 徐嗖

1

朋友因为伤病和年龄从跆拳道国家队退役的时候，我曾问他："你甘心吗？"

他很不解地问我："什么甘不甘心？"

我说："你在国家队泡了那么些年，还远离家人到国外训练，最后也没有打上什么大赛，还落了一身伤病。难道你就没有不甘心，没有觉得浪费青春吗？"

他笑着说："遗憾自然有，毕竟你把所有心血都放在这个事业上，没有取得你想要的成绩肯定不能算完美收官。但我并不是一无所有啊，我从来没有荒废过我的青春，进入国家队已经实现了我的梦想。我和最优秀的队友一起训练、学习，我得到的是比荣誉更多的东西，一切付出都不是白费。我不但不认为自己是个失败者，我反而觉得自己无比成功。"

如今，他在大学任教，自己开了个跆拳道馆，一生都将继续和跆拳道的缘分。

的确，他没有得到他渴望拥有的名声、成绩，起码他证明了他在这个领域是最棒的之一，这就是成功。

命运从不亏欠那些愿意为梦想付出的人们。

2

1996年亚特兰大奥运会开幕式上，当阿里颤颤巍巍却一脸坚毅地点燃奥运圣火的时候，你才知道这个男人曾为了自己的梦想付出过多少代价。

没有任何成功是上天平白无故的馈赠。阿里的启蒙教练曾透露，阿里在儿时的训练中很少缺席，每次他到的时候阿里就已经来了，他走了以后阿里却还在那儿练。

阿里不是没有过失败和低谷，他曾被禁赛，在家赋闲5年，他也因久疏战阵被数次击倒。可他比任何人都明白战斗

> 成功之花，人们往往惊羡它现时的明艳，然而当初，
> 它的芽儿却浸透了奋斗的泪泉，洒满了牺牲的血雨。

与坚持的意义，他自己也说过：爬起来比跌倒多一次，就是成功。

当他在1977年被诊断出帕金森综合征时，他仍不愿放弃。职业拳击生涯中，29000多次对他头部的重击，让他饱受病痛的困扰。直到他拿到运动生涯最后一个冠军再也无法坚持比赛时，他不得不离开自己热爱的拳台。

真正的成功不在于结果是否美妙，而在于你是不是在坚持，你是不是跌倒了还能爬起来。

我们都有各自的梦想，可没有人的梦想会随随便便实现。

冰心说："成功之花，人们往往惊羡它现时的明艳，然而当初，它的芽儿却浸透了奋斗的泪泉，洒满了牺牲的血雨。"

3

人最容易犯的毛病不外乎你总是在想"我要做什么""我想得到什么"，却从来不想"我正在做什么"。

经常有年轻人问我："像你一样写作挣钱吗？""杂志、媒体会用我的稿子吗？"

我总是会反问一句："你写过什么？写得好吗？"

然而得到的回答常常是："我还没开始写，更谈不上好坏。"

假如一个人总是急于追求结果，却不在乎自己究竟做过什么，那么这个人追求的东西又凭什么实现呢？

想起朋友曾经跟我抱怨说：工作无趣，自己没有进步，上班常常无所事事，下班就是浪费时间。我觉得自己的职业目标永远都无法实现。

我很奇怪他这样的说法，你什么都没做，就说自己不会成功，这未免太小孩子气了。

于是，我劝他不妨先给自己定一个小小的目标，比如每天参加一些学习社群，多给自己充充电；把想法做成方案报给自己的上级，你也可以自己私下尝试，成果和成长自然都是你自己的。

对于一个有追求的人来说，真正的梦想应该是理想主义和现实主义的结合体，你要敢想，更要敢做。

梦想从来不是空口无凭的大话，而是在寂静的奋斗里努力生长的果实。

> 一切真的无关成功失败，也无关结果好坏。人生并不是一个成王败寇的战场，而是奋斗者的舞台。

4

很多时候，我们总在抱怨事情做起来很难，想法不切实际。总在说自己很累，却明明在浪费光阴。总是认为自己能力不够，却从来没有提升自己。

我们真正的问题在于，你总是想得太多，然而做得太少。

其实，并不是梦想有多么不切实际、多么不可触碰，而是你把梦想当做白日梦，把自己当做空想家。

路遥在《平凡的世界》里写过："生命里有着多少的无奈和惋惜，又有着怎样的愁苦和感伤？雨浸风蚀的落寞与苍楚一定是水，静静地流过青春奋斗的日子和触摸理想的岁月。"

一切真的无关成功失败，也无关结果好坏。人生并不是一个成王败寇的战场，而是奋斗者的舞台。不是说"每一个不曾起舞的日子都是一种辜负"吗？

我们的生命中应该有一种意义，不是我们在追求什么，而在于我们是不是永远在追求的路上。跌倒了没关系，只要你再爬起来，那便绝不是白白来一场。

说到底，别让你的梦想只是梦和想。

每一个梦想都值得
被尊重和敬仰

文 · 一直特立独行的猫

昨天在车里听广播说新一年的考研大军开始备战了,大学生们排队十小时为了求得一个考研自习室的座位。我没参加过考研大军,也很少接触到考研的群体,但我想起两个人来,两个曾经跟我同租住在北大门口300元床铺位置的考研女孩。

A是一个农村出来的,胖胖的,大约1.65米高的女孩,黑黑的不施粉黛且有些粗糙的皮肤,笑起来嘿嘿嘿地实诚。认识A的时候,我已经在那个10平方米四张床的小屋子里住了一年,A是我下铺第四个租客。当时她说她要考北大的光华管理学院,那已经是她第四年考光华了。第一次是大三,考上了但因为是大三不能上;第二次是大四,考上了但面试没过;第三次是毕业一年时,差了几分也没面试机会;第四年是我们认识的那一年。她白天要去上班,晚上和早晨起来就去窄小的客厅里学习。快考试的时候，她问我是否应该跟公司说明自己要考研去请个一个月的假，但又怕考不上没了工作。虽然这份工作并不是很忙，只是为了维持生计，并不指望赚多少钱，但如果没有这份工作，身为农村孩子的她，便没人能接济她了。当年我也大四，在凌乱的实习和找工作当中，我也不好帮她下结论，于是很简单地说还是请假吧，考试要紧，第四年了。

我们不很熟，但我也挺替她捏把汗，不知道如果又考不上怎么办？一个人的梦想究竟能被撞击多少次？我记得她考完最后一场回来，躺在床上，一天一夜没起来，全身酸痛，仿佛刚刚打了一场大仗之后的瘫倒。那年，她笔试通过了，我们都很激动。我建议她面试去买套正装，因为那时候我也面试，也买了正装，感觉穿上正装整个人都不一样了，也更符合管理学院的感觉。然后A跑去商场买了一件粉红粉红的西装，衬着她黑黝黝的皮肤，我觉得不是很对劲。但那个时候我的衣服她也穿不上，也没法帮到她什么，看她很喜欢那件粉红色的西装，我也就没再说什么。后来的事情，我就忘记了，可能是她搬走了，或者是我搬走了，记不清了。但我记得过了一年左右，她跟我联系上了，那时候她已经是光华的学生，并且已经上了一年了，每天都在热火朝天地做着案例分析。我问她学费会不会很高，听说光华没有国家免费。她说要几十万，她借了一部分，剩下的自己打工，争取拿学期末奖学金。我不懂管理学的课程，只能听她说得很高兴很激动的样子，我想起那件粉红色的西装，和她黑黑的皮肤，心里有说不出的感动。这条路，她走了四年，终于走到了自己想去的地方。

B女孩从西北来，长得很漂亮、小巧，巴掌脸，也是黑黑的，有点像邻家小妹妹。她要考北大的生物系，我们认识的时候，是她第二年考试。她住在我对面的床铺，我们都睡在上铺，相比正常上课而不用早起也不用复习到深夜的我来讲，我经常会看到B举着手电筒在被窝里学习的样子。据B介绍，她父母都是普通的工人，老实善良，家里还有一个年纪很小的弟弟。如果今年考不上，估计家里就供不起了。其实她本科的学校已经给她推荐到上海的一家顶级学府，但是她就是想上北大，因此铆着劲儿要考，但是全家人都不支持她，学校老师更是非常生气。可是，放弃了一所很好的学校，她自己也不知道能不能考上北大，因此压力很大很大，大到经常就哭了起来。我也不知道该怎么劝她，毕竟我不考研，体会不了，只能说些冠冕堂皇的话聊表安慰。当时她找了很多已经考上的师哥师姐去取经，但收效甚微。同样，

> 不是每一个梦想都能坚持，但每一个能坚持下来的人都是自己的人生赢家。

我忘记了后来，我就记得她喜欢看电影，总是哭，但后面不记得了。三年以后的某一天，我突然收到一个飞信号码加我，是她。那时候的她，马上要从北大化学系毕业了，问我一些找工作的经验。原来，我忘记后来的那一年，她考上了，进入了自己梦想中的学校。

我给 G 先生讲了 A 和 B 的故事，G 先生很沉默。作为考研女孩本身就很辛苦，而作为农村女孩或者家里还有个弟弟、家境一般的女孩来讲，压力会更加大。我并不知道她们现在怎样了，在考上了心仪的学校之后，她们又会有怎样的梦想，今天在哪里，过得怎么样。她们可能只是千千万万考研大军中十分普通的两个人，可能在你看来并不是榜样，也谈不上励志。但我只是想到，工作很多年的自己，以及千千万万离开学校进入社会的人们，还有多少，能像当年一样，为了某一个目标去拼尽全力？现在，我们讨论的都是：如何战胜拖延症？如何快速提高英语？如何让老板喜欢我？如何快速提高写作能力？我们做什么都想要速战速决，两周看不到成效就觉得世界对我不公；或者一定是方法不对，想要去寻找更加便捷的方法，来安慰自己浮躁的心。

一定会有很多人跳出来说，考研有什么了不起，考四年值得吗？人生还有好多事情可以做，研究生毕业还不一样是打工仔？赚钱还没有个体户多，研究生毕业一样当 loser 云云。但如果一个人能为一个单纯的梦想努力很多年，而这个梦想一年只有一次去实现的机会，并且这个机会也同样会因为很多不可抗力因素而失败，但却依然矢志不渝，这本身就是一件值得去敬佩的事情，也同样是我们在慢慢丢失的能力与精神。这样的人，无论在任何时候，任何环境下，都不会差。

其实我们每个人都不缺梦想，特别在这个梦想都快被说烂了的年代，我们所缺的，仅仅是为梦想矢志不渝的精神，哪怕是一点点所谓的坚持，都显得弥足珍贵。而这一切，可能我们都曾在年少时光拥有过，但却随时光的流离消逝在成长的激流勇进中。

不是每一个梦想都能实现，但每一个梦想都值得被尊重和敬仰。

不是每一个梦想都能坚持，但每一个能坚持下来的人都是自己的人生赢家。

那些张皇不安，
正是青春时光

文 · 萧萧依凡

1

小锦是我们公司刚来没多久的年轻同事，朝气蓬勃的。前不久，公司要和某公众人物合作一次推广活动。小锦的直接上司宋姐负责此次活动，小锦被安排负责该公众人物的接送工作。

自从得知任务开始，小锦的脸上就有着掩饰不住的兴奋和不安。她跟我说："姐，你知道吗？我第一次要见这么大人物，还将近距离亲密接触，好紧张。"宋姐听到这话，好笑地白了她一眼："多大点事儿。也就一普通人，没什么可新鲜的。"

小锦脸上瞬时有了些许尴尬，悻悻地回到自己的座位上。

接机的那天早晨，小锦一身职业装，衬衫洁白笔挺。她脸上依然是兴奋和不安交织的表情，黑眼圈有点明显。有人打趣她这是要去参加新闻发布会。她眨巴着被黑眼圈包围的大眼睛,不好意思地回复别人:"别开玩笑了,紧张着呢。"

距离接机的时间尚早,我们已经听到小锦打电话催促司机的声音:"哥,你快到公司了吗?还没出来啊?可是时间不早了啊!哥,求你了,我们早点出发。到早了,我请你喝咖啡,不会无聊的。"

隔着话筒,我们都能感觉到司机师傅懒洋洋的声音。

这时,宋姐慵懒的声音在耳边响起:"小锦,还早着呢,你着什么急?刘师傅是老司机了,负责了多少接待工作了,不会出错的。"

小锦一个"可是"还没出口,宋姐又补了一句:"多大点儿事儿啊,值得这么着急忙慌的。"

宋姐一副见过大世面、处变不惊的模样。小锦望向宋姐,一脸的艳羡和不易察觉的自卑。

我望向小锦,阳光中,那张白皙的脸上,连细细的汗毛都散发着青春不安的颤抖。那不安的颤抖背后,是对这个世界时刻保持的认真、探索和新鲜感。

2

她羡慕着宋姐，我却羡慕着她。她桌子上为接机而准备的各色饮料刚离开冰柜，瓶身挂满水珠，晶莹剔透，有着说不出来的朝气。

她说不知道那位公众人物到底喜欢喝哪种饮料，于是就把世面流行的高端饮料都买了一瓶备着。那一瓶瓶饮料，就像青春里每一个张皇不安却竭力追寻万全之策的瞬间。

多年之前，我也像她这般，羡慕着那些见过世面的"过来人"。那时年少，我遇见任何不曾见过的事情，心里都有新奇充盈着。若是自己将要经历改变，我更是如此这般惴惴不安。

我有一个哥哥，有学识，年轻时曾到许多大城市闯荡过。少时，我私底下认为，他颇见过些世面。我愿意跟他分享一切让我感到新奇和惴惴的事情。每次，他都面容淡定，回应我的永远都是懒洋洋的几句话——"这很正常""这有什么好紧张的""小事儿，顺其自然"。

大多时候，这样的回答并不曾安抚我的不安，反而会让我自我怀疑，怀疑自己面对改变时的整装待发是不是显得过于隆重。

我轻易地就跟泄了气似的，有些看不起我自己。世界那么大，为什么我的见识这么浅。

多年过去了，我的那位哥哥事业上并未有任何突破性的进展，依然是单位里平庸的一员。逢年过节回家时，我常能听到嫂子对他的埋怨。且不说这些牢骚是否中肯，但事实却不曾被扭曲。单位里的年轻人来了一波又一波，也被提拔了一波又一波，但是很少轮到哥哥。

提起他时，曾有长辈叹息，说他早早地就没有了年轻人的冲劲，缺乏对社会一如既往的新鲜感及热情。

那些我年少时以为的"见过世面"和"处变不惊"，原来都是误读。空洞无物的顺其自然，看似豁达，实则是缺乏激情，麻木不堪。真正的从容和淡定，从来不是这般消极无力。

3

我逐渐长大的那些年，我在年少的张皇不安里欢喜或者头破血流，而他在"处变不惊"里稳妥得有些老气横秋。

然而，多年过去，我终于也渐渐变成了这样一个佯装不张

> 真正的处变不惊里永远包含着些许张皇不安。那是
> 奋力拼搏之后的冷静和热烈，对生活认真而热切。

皇的成年人，内心却为自己精神的迅速苍老而无比不安。面对任何事情，没有热情，从来不曾有什么真正的备用方案，习惯扬起一张冷漠的脸，以不变应万变。这是我们这些麻木的成年人的通病，有一种令人悲哀的苍老隐匿其中。

世界在我们眼里大抵不再有什么不同，每一日都不再有什么新鲜感。那些年轻而有热情的不安，在我们眼里开始变得可笑。就这样日复一日，年复一年，日子过成了无尽的重复和一潭死水，毫无生趣。我们像温水里的青蛙一样，想不起曾经"蹦跶"的日子。头顶着一片井口大小的天空，却觉得世间万物已尽收眼底。

直到有一日听到高晓松的一些剖析，我的内心有些东西就开始稀里哗啦地倾倒了。

古人有云："三十而立，四十而不惑。"高晓松在《鲁豫有约》中曾感慨："没到四十岁的时候老觉得，四十不惑的意思就是，你就明白了，什么都懂了。然后等到四十岁才发现，不惑的意思其实是说，你不明白的事情，你都不想去明白了。年轻的时候，每件事情你都想明白，因为老觉得，有些事情不明白，就是生活的慌张。后来等老了才发现，那慌张就是青春。你不慌张

了，青春就没了。"

高晓松所说的慌张，正是青春时光，是凡事都抱有孜孜不倦的热情和好奇。年轻的时候不懂这种慌张，以为这让人羞愧。年岁越长，才会懂得这慌张的珍贵，里面是鲜得能掐出水的青春。

人生若没有了这份慌张不安，青春可能在十八岁就戛然而止。那份慌张不安，其实是时刻整装待发。

真正的处变不惊里永远包含着些许张皇不安。那是奋力拼搏之后的冷静和热烈，对生活认真而热切。天边何时云卷何时云舒，尽在了然，却又永远新鲜如初，永远年轻，永远热泪盈眶。

真正重要的
从来不只是努力

文·喵姐

1

五月,我见了一位慕名已久的老师。那天的广州,空气潮热。我走进咖啡厅,坐定,他朝我微笑。片刻的恍惚,差点让我忘了这是场约定已久、远赴而来的面试。

立于身侧的灯下,我们相视。灯光澄黄,爬过他的脸,一边明亮,一边隐匿于黑暗。他的眼神,如夜空中的星辰,静静闪烁,谈话间,又忽明忽暗。

这是一双灼人的双眼,我定定望住,认真倾听。以至于谈话内容忘掉了大半,却唯独记住了这句话:一个人一辈子能把一件事情做好,就堪称完美。寻找你内心想要的方向,而后,才是在这条路上遵循方法,义无反顾,做到尖深。

"真正重要的从来不只是努力。"语毕,窗外骤然下起瓢泼大雨,行走的路人猝不及防地撑开店门,风铃清澈。他喝了口柠檬水,转而望向湿漉的路面。

别过之后,我忆起,曾与一位85后的作家交谈。她说写作许久,人生如浮萍,断断续续。那时我稚嫩地问,如何能十年如一日地坚持,她只是告诉我:"一事精致,便已动人。从一而终,就是深邃。"

那一刻,我怔住。末了,她说:如果你挚爱写作,就去做。我恍然大悟,重要的不是多而杂,而是有一样能拿出手。

2

六年前,第一次去广州,遇见了安妮。这个棕褐色短发齐耳的女生,穿随性而明丽的T-shirt,眉眼之下的小雀斑就像一个个跳跃的精灵。那时,我被她作画的专注打动,强烈的好奇心推挤着我拥到她的身旁,我好怕打扰到这样静默的她。

"Take it easy." 她终于还是发现了我,腾出板凳的一角,让我落座。我看到她在保留漏光叶片的完整上,格外小心地把它

> 真正重要的从来不是努力做什么,而是沉下心来,
> 去做好一件事。

们重新绘成奇特卡片。她用不流利的中文告诉我:"落红不是无情物。"我感慨于这精致的脆弱,仿佛是另一种生命的延续。

让我惊喜的还有,两年来她把作品放上社交网络,引来无数志同道合的朋友,目前工作室的筹备也已到落地阶段。

我想起上个月,踱步到美术馆,看一场展览。我以一份崇敬,注视展出的经书。中厅开始播放视频,我看见他们用最古老的方式,重复影印。一旁的批注,赫然印上:"我从未觉得这是件无意义的事,因为它已融入我的生命,成为毕生信仰,我将从一而终。"

那是来自信奉者的自白。并不是所有人都能把理想置于生活的废墟之上,可还是有人不愿游戏人间,专于一事,带着信仰,传承下去。

3

今年,在接触时间管理的过程中,我认识了柳比歇夫。这位著名的昆虫学家用一生研究蠕虫的构造,以至于世人惊叹:蠕虫那么长,可是人生那么短。

此外，他醉心独创并 56 年如一日坚持对个人时间定量管理的统计与分析，也给后世留下了无法估算的财富。

时光如白驹过隙，稍纵即逝。术业有专攻，一生做好一件事真的很重要。

这让我回忆起，数月前在书里看过的故事。Krist 是一位荷兰陶土设计师，一次偶然，她发现平日里完全忽略的泥土的本色，此后开始独立创作优质陶器，并建立一整套颜色与记录系统，那是接近 500 余种的泥土色系编号。

当我翻开扉页，无数颜色各异、深深浅浅的泥土标本排列整齐地映入眼帘，才真正明白那一句"一事精致，便已动人"。

4

你为什么成不了气候？我的一位读者给我来信，说她努力了很多，又学琴又学舞，却没有进步。我想此刻在她的心中，结果已昭然若揭。

真正重要的从来不是努力做什么，而是沉下心来，去做好一件事。要知道，一个人一生的时间和精力都非常有限，专注，有时候比努力重要 100 倍。

我们总在感慨他人取得的成就、头衔、名目，而一心想要追逐，幻想着有朝一日也如他般耀眼夺目。而其实，鱼与熊掌，不可兼得。你想要的越多，会失去更多。一辈子做好一件事，就堪称完美。还有精力，再去成就其他。

因为，绝大多数的我们，都需要在漫长的默默无闻里忍受，而那些随着时间流逝获得的微小进展就是回报给你最真切的幸福。沉下来，浮起的瓜瓢舀不到水。静下来，人生的脚步才更张弛有力。

去做你想做的，不是这个世界要你成为的模样；去试你想试的，不是畏畏缩缩，徘徊不前。

人生，有些事，要一个人做；有些关，要一个人闯；有些路，只能一个人走。那么，就在你认为值得且有意义的道路上，怀着沉湎的心，前进。别觉得孤单，这世上总有千万人与你一同奔跑。

只是，事要自己做；关要自己闯；路也要你自己走。我始终相信，一个人只要不停地走，总有一天，能到达他内心想去的地方。沉下心来，专注当下。这之后，时间才会给你想要的答案。

三十岁了，
那又怎么样？

文·薛萝衣

第一次见到苏婉的时候，她正准备去一家广告公司入职。

苏婉大学毕业以后就去了一家大型国企，地处偏远的开发区，几乎与世隔绝。她的职位虽然是文员，每天进了办公室也要穿上灰蓝的制服。她谈过两次不足为道的恋爱，最后都不了了之。周围的同事大多成家立业，每天的谈资不是育儿经，就是给她介绍对象。

快到三十岁的时候，苏婉终于下定决心离开那个枯燥无趣的地方。她带上全部积蓄，来到了上海。三十岁，这是一个让许多人都恐惧不已的数字。三十岁意味着青春加速流逝，人生逐渐稳定，开始丧失许多可能性。而苏婉却把这当做一个开始。

广告这行是典型的"吃人不吐骨头""女人当男人用，男人当牲口用"。看着苏婉一身纤纤弱骨，我好意劝说："进这行老得很快的,女孩子要慎重考虑啊。"

苏婉回答得很坚定:"可我就是喜欢这种创意的工作啊。有挑战,有乐趣。"

不知是不是受到时尚电影的蛊惑,许多年轻人都以为广告这一行光鲜亮丽,充满了帅哥美女和刺激的商战。实际上,广告公司里最常见的是胡子拉碴的小伙儿、T恤和人字拖。

我见过很多人挤破脑袋要进广告圈,最后又满身疲惫地爬出来。丝绒般的梦想碰到刀子般的现实,注定会被撕扯得破碎。许多人因此半途放弃,铩羽而归。我想,苏婉或许也会如此。

初到上海,她便向各个大大小小的广告公司投简历。履历写得诚恳,却未必有人细读。面试的时候,他们劈头便问:

"你这个大学在哪儿啊?怎么没有听说过呢?毕业后在工厂待了五年,做的是资料整理……对我们来说,这份履历表还不如一张白纸。"

"现在的广告业竞争很激烈,公司里都是大学刚刚毕业的学生,很少有你这个岁数的新人。所以……"

好在这些年来,苏婉一直没有放弃写作,她的文章为她获得了不少面试机会。

最后，终于有一个HR肯松口："苏小姐，我们公司对文案的要求还是比较高的，没有相关经验，肯定无法胜任。不过，以你的年纪，做实习生恐怕也不太合适吧？"

苏婉把握机会，直白地说："我可以从实习生做起。我不在乎职位、薪水，只想能进入贵公司学习做广告。"

那位HR显然也已阅尽世人，并没有被她的热血所打动，而是提出了一个实际的妥协办法："那好吧。我只能给你保证工资不低于上海市最低工资标准。三个月后，如果你做得好再转正。"

就这样，苏婉拿到了她在上海的第一份offer，工资连交房租都不够用。

公司不大，二十多个人，其中有一半是才毕业一两年的大学生。这样的小公司，在上海不计其数。苏婉被分配给一个资深文案打下手，公司里论资排辈，出于敬重，她称对方为"张姐"。其实，张姐比她还要小一岁。

苏婉仿佛又回到了高中时期，她制定了一个计划表贴在墙上，安排好每天的行程和学习任务。一天结束的时候，她还要为当天的完成进度打分，进行自我检讨。

苏婉接触到的第一个项目是个房地产。刚入职那几个月，苏婉不是全公司最重要的人物，却是最忙的那一个。她每天到处搜集资料，分析全城同类型的广告案，去工程地考察情况，和客户进行沟通，从三个不同的角度为一个项目想五十句广告词，把各种各样的数据和文字做成表格，做成PPT……

当她被一堆资料压得透不过气的时候，还有稚嫩的前辈向她卖萌："姐，我晚上有约会，帮我做个表格呗。他们都说你是Excel高手，一定很快就能搞定！"这些有理无理的要求，苏婉都欣然接受。

苏婉从办公室出来的时候，往往已经是深夜。霓虹闪烁，远远近近，衬得这座城更加广阔，似乎隔山隔水，万里迢迢。她猛地一呼吸，露气湿润，夹杂着不知名花草的香气。她喜欢这座城市，大到无须隐姓埋名，也能毫不畏惧地做自己，肆无忌惮地做白日梦。

张姐对苏婉有些严苛，却待她不薄。项目结束的时候，主动对老板说："苏婉挺适合做文案的，很有灵气，一点就通，不用我带了。"就这样，苏婉正式成为一个广告文案。

有一段时间，全公司没日没夜地加班，却没有奖金可拿，同事们怨声连连，你推我让，没有一个人愿意站出来和老板谈谈。

> 人生从来没有固定的路线，决定你能够走多远的，并不是年龄，而是你的努力程度。

苏婉默默地走出了格子间，敲响了老板办公室的门。她据理力争，说明同事们的努力和不易。老板居然被她说服，不仅给同事们补了奖金，并且主动要给她升职加薪。

老板认为她够果断，有说服力，微笑地说："刚好最近行政位置空缺，你去做行政吧，工资上调三分之一。"

面对如此诱惑，苏婉却立刻拒绝了。她对自己的目标很坚定，来上海就是为了做一个厉害的文案。要是转去行政部门，跟从前还有什么两样？

没过几个月，苏婉跳槽了。我十分惊讶："你不是才涨了薪水吗，为何要辞职？"

她用吸管戳着玻璃杯子里的柠檬，百无聊赖地说："老板太固执，只肯接同类型的项目。他是赚得满钵了，可我还有很多东西要学啊。"

就这样，苏婉在三年时间里换了四家公司，每次都是因为公司无法满足她的求知欲。初至上海，她是荒海求生，抓到一根浮木便立即抱住不放。如今她已经练成一身本领，游刃有余，可以从容地选择登上哪个岛屿了。

换工作这件事，好像磨砺出了她的锋刃。苏婉已然不再是从前那个沉默寡言的女孩了。她变得果敢、强势,像一个随时待命的女战士。我问她:"究竟是什么会让一个人有如此翻天覆地的变化?"

她说:"大概越过了小心翼翼的防线,就会变得大胆,不再如履薄冰了吧。"

在能力不断上升的同时,她的野心也在与日俱增。有一天,苏婉正式对我说:"我要给4A公司投简历。"然而,摆在她面前的依旧是种种不切实际。没有一流大学的文凭,年龄上也毫无优势,甚至连英文水平也是一张白纸,走在街上和老外说句话也磕磕绊绊,吐不成句。不过我知道,当她宣布要去做一件事情的时候,一定已经做好了一半的准备。

果然,苏婉两个月前就已经参加英语补习班,还请了个一对一的英文教练帮忙练习口语。

有人给她泼冷水:"学语言要趁早,你现在太迟了,连单词都记不住。"苏婉伶牙俐齿地反驳道:"那又如何?三年多以前,我站在人群里连中文都不敢说呢。现在不也可以了?"

那人被噎得哑口无言。在这种执行力超强的行动者面前,所有质疑都是徒劳,所有玩笑都显得刻薄。

半年多以后，苏婉过五关斩六将，拿到了一家著名4A公司的offer，一切都在她的掌控之中。目标明确的人会比别人走得更快，他们是一心一意在自己的星系里运行的星星，只顾发光发亮，永远不会偏离自己的轨道。

美国人常说，"Forty is new thirty"。也就是说，在现代社会，四十岁依旧年轻，一样充满了活力和各种可能性。而在中国，人们对年龄依旧忌讳颇深。一旦步入三十岁的界限，便如临大敌。这本身何尝不是一件可悲的事情？

我们这一代人太擅长怀旧，十几岁时开始呻吟衰老，二十出头便自诩沧桑，早就养成了一副少年老成的派头。进入社会以后，被上司、工作、客户逐渐磨掉了所有脾性，因此更觉得丧气。

仔细一想，那些笼罩在年龄上的阴影不正是我们自己加上去的吗？人生从来没有固定的路线，决定你能够走多远的，并不是年龄，而是你的努力程度。无论到了什么时候，只要你还有心情对着糟糕的生活挥拳宣战，都不算太晚。

不要害怕意料之外的变动，
生命总是给它认为该给你的。
因此，亲爱的，接受一切变化，
如河流接纳雨水的洗礼与滋养，
然后轻快地往前奔流，
也像一条河一样。

——朵朵

人生一世,

也不过是一个又一个二十四小时的叠加,

在这样宝贵的光阴里,我必须明白自己的选择。

大学，
是一场最精彩的变形计

文·林夏萨摩

阿杰是我的高中同学，一个非常腼腆、害羞的男孩子，在班里几乎听不到他的声音，连偶尔站起来回答老师的问题，声音也都轻得像蜻蜓的翅膀划过一样。他很少与人交流，总是弓着身子低着头，静默地坐在位子上看书或做题。他还有一个非常典型的特征，跟女生讲话时，脸和耳朵都会憋得通红，为此经常被男生取笑。所以，非必要情况下，他不会和女生说话。

高中毕业后，我们上了不同的大学，没有联络过。

直到我大三那年夏天，参加一个朋友的生日派对，才又和阿杰碰面。当时我老远就听见一个自信洪亮的声音在人群中高谈阔论，心想这是哪个老同学，走近一看发现是阿杰，当时我就惊呆了。他整个人的精气神完全不一样了，重点是，他不仅性格变得爽朗了，连外表都升级换代了。以前他穿的衣服总是迎面扑来一股浓烈的老坛酸菜气息，现在，那一身的打扮简直堪比时尚杂志经典搭配。

等到人群散去，我才跑过去调侃他，说："你现在跟以前完全不一样了，简直是脱胎换骨。看来大学把你改造得挺好啊。"

阿杰的嘴角划过一个笑容，回应道："是啊。其实第一个学期我还是那个闷瓜，跟同寝室的男生也极少交流。后来，越发地觉得自己人际交往是硬伤，于是报名参加了很多需要经常露脸以及与人沟通的社团，比如演讲辩论协会、学生会等等，一年多下来，终于把自己孤僻、沉闷、不合群的标签给摘掉了。"

另外一个女生佳佳，我们大学时住在同一栋女生楼，彼此并不熟络，我对她的了解也仅限于名字、专业和班级，倒是经常看见她披着长发、背着双肩包、骑着自行车，行色匆匆地穿梭在校园里，所以印象很深。

去年8月，一个在北京工作的大学同学谭出差经过上海，我请她吃饭，一起八卦当年同届、如今混得牛哄哄的几个人物时，谭跟我讲了佳佳的故事。

佳佳本科毕业后，以优异的成绩去了美国宾夕法尼亚大学攻读教育学硕士，研二时和宾大的一个博士一起，联合创办了一个与海外资源全面对接的在线留学申请平台,帮学生量身定制绝佳的留学方案,很受国内学生的欢迎。她还亲自主编了听力和口语的英语教材,口碑极好,很快拥有了一批忠实粉丝。宾大毕业回国后又很快创立了第二家公司,目前人在杭州,正在带领团队开创一款智能英语口语学习的 APP。

谭跟我说:"感觉刚进大学时大家还在同一起跑线上,没想到短短几年时间,佳佳已经远远地把我们甩在身后了。如今,我们只是苦哈哈的小白领,每个月拿四位数的薪水勉强够花,人家却已经是名校海归学霸、90 后 CEO 和美女老板了。你说差距怎么这么大,她是怎么做到的?"

我一口咽下了嘴里正在嚼的东西,非常不合时宜地回了一句:"有点小意外,但也不奇怪。毕竟,当年人家上自习、坐镇图书馆啃书、疯狂备战 GRE 的时候,我们却在宿舍里,躺在床上上网聊天、看美剧和睡懒觉。哈哈……"

虽然我跟佳佳私下里的交集不多,但对她本科时的用功、刻苦和出色,也是有所耳闻的。我知道她的学习成绩很好,绩点在系里始终名列前茅,当年的 GRE 考试接近满分,大三时就已经开始在网上发布自己总结出来的英语听力教学新论了。

排除特殊案例，在这个世界上，我们每个人拥有的成就和付出的努力都是成正比的。

大学四年，你如果全部用来睡觉，或是混混沌沌1460天，毕业时，收获的大概只是激增的脂肪、已渐迟钝的大脑和蒙上了灰尘的心，连学位证能不能拿到都是个悬念。大学四年，你如果喝几百瓶啤酒，打几千次DOTA，以三个月一段的频率谈十六场恋爱，最后得到的恐怕就是虚浮的体质、磨损的意志和沧桑的心。

当然，大学四年，你也可以选择：参加1—2个喜欢的社团，拿2—3次奖学金，考3—4张有用的证书，听30场名家讲座，读100本经典书籍，上810次自习，学有余力的还可以选修一个第二专业，用四年的时间积累丰富的学识，练就更加聪明的头脑，为你想要的未来铺路搭桥。

大学四年，你还可以选择：自力更生打一份工，放开身心谈一场既不耍流氓又不以婚姻为枷锁的恋爱，心胸坦荡交几个能把你放在心上、将来愿意借给你钱和参加你婚礼的真心朋友，背上行囊去一些你向往已久的地方，放下包袱做几件疯狂的、老了以后想起来都会嘴角上扬、坐在摇椅上晒太阳时能跟儿孙吹牛的事情,用四年的时光换一场最激荡的青春,为生命画上最浓墨重彩的几笔。

虽然人生这场赛跑注定了不完全公平,但每一个阶段的大抵公平还是有的。你选择了什么,就会收获什么;你将时间花在哪里,时间就会还给你什么。观念左右行动,投入决定产出,一切最终输出的结果都是由最初输入的选择和行动导致的。就好像那些经典的老电影,所有故事的结局,在最开始的时候就已经埋下了伏笔,只是有些你没有看出来而已。

一直觉得大学就是社会的预备役,一场磨炼我们身体和心智的旅程。在这个五光十色的花花世界里,在这个混杂着青春热血和荷尔蒙的世界里,在这个第一次正式离开父母羽翼呵护、独自飞翔的世界里,有精彩,有诱惑,有钩心斗角,有励志,有颓废……四年之后,有人迅速成长,有人华丽蜕变,有人颓废报废。

如果你喜欢读武侠小说,那你一定会有印象,在金庸、古龙等人笔下的江湖里,江湖人士武功练到了一定阶段,为了突破自我,便会选择闭关修炼。张三丰就是这样悟出了太极剑和太极拳,达摩祖师也是这样悟出了大道。

与此相似，在现实生活中，我们干掉高考这个 Boss 以后，武功进入了一个瓶颈期，每个人的斗志也因此消磨许多。所以，我们不妨试着将这四年的大学时光，当作是一段特殊的"闭关修炼"，修身养性，格物致知，潜心修炼内功和外功。在不断提升自我的同时，抵御绑定了潜在风险的外来诱惑。

如果你想让你的大学变成一场最精彩的变形计，如果你想四年之后邂逅一个全新的、更好的、更优秀的自己，那么，从现在开始珍惜你的大学生活，导演一场专属于自己的、华丽精彩的变形计吧。

请别总急着将生活
推翻重来

文·陶瓷兔子

我和杨桃相遇在一场有关职业发展的讲座上,分组讨论的间隙她小声问:"哎,你们也工作好几年了对吧,有没有觉得,这讲座道理上咱们都懂,可就是太难去落实……"

同小组的一对男女顿时心有戚戚焉地点点头:"可不,大多时候还不是该怎么样就怎么样,但是听了也总比不听好吧。"

回程的路上,杨桃跟我同车,一路大吐苦水:"你不知道在公司做行政岗多没意思多没前途,整天就是整理整理文件,帮老板送个文件啊签个字什么的,每天的日子像是模子里刻出来的。"

她又说:"我当年还自学过一段时间英语来着,可是办公室的人都在淘宝、玩游戏,搞得我自己简直就跟个怪胎一样。慢慢地也就坚持不下去了,毕业的激情早就被消磨尽了,每天都是混吃等死的节奏。"

"是因为工作做久了进入倦怠期了吧?"我问。

"对对对,就是这种感觉,每天的生活都没新意也没激情,尤其像我们这个岗,没前途。"她停顿了几秒,猛地侧过身来握住我的手,"或许我需要换一份工作,换一个环境才能打破现在的状况。你说对吧?"

我为她大开的脑洞吃了一惊:"那你下一份工作准备做什么?有什么偏好吗?"

"想那么多干吗,先辞了职再慢慢找呗。"杨桃满不在乎地把手一挥,"只要一想到能换个新环境,顿时好开心,觉得自己干劲满满啊。"她眼神灼灼,像春季枝头一抹开得正好的桃花,仿佛瞬间回到了刚毕业的那年,信心满满斗志昂扬的模样。

下车之后我们交换了微信,没过两周,就看到杨桃的朋友圈更新了一条:"换一份工作真的好像脱胎换骨一样爽,新职位我来啦。"配上一杯浓浓的咖啡和兴高采烈的剪刀手。

她的新工作,是在一家互联网公司做秘书。刚开始的那段时间,几乎每天都会被杨桃小姐发的朋友圈刷屏:阳台上的一株多肉植物长出了新芽,公司老总讲话的PPT,自己重拾英语每一天的打卡,每天的运动记录等等。正能量满满爆棚。

直到约半年之后有一天收到她的信息:"我下周就要离开这里去上海工作了,这周末有空一起吃个饭吗?"

"调岗吗?今后还回不回来?"

她回了我几个大大的笑脸:"不是调岗,是我又换工作啦。现在这份工作对我已经没什么新鲜感了,想要换个新的环境重新开始。"

"这次要入哪行?"我问。

"还是老本行行政呗,"她说,"你也知道我中文系毕业的,又没有什么其他的技能和特长,想做其他岗位也没资本啊。"

我家小妹妹在上大二的时候,曾经有天私下跟我抱怨:"好想换个专业啊,学国际关系真的好无聊……"

"那你想学什么?语言?金融?计算机?"

"没想好,"她懒洋洋地、有气无力地回答道,"只要不是这个专业就行了。我就是想换个新环境,专业也好,班级也罢,即使是换个宿舍也好啊。现在每一天真的好无聊。"

无力感,大概是无关年龄,每个人都无法逃脱的一种感觉吧。

像个被关在玻璃瓶里的小虫,无力地往四面八方去试探,觉

■ 生活原本没有高墙，高墙只在我们心中。

得一切都有可能，一切都没出路，一切都浅尝辄止。

倦怠的，无聊的，稳定的，日复一日的，如同模子里复制出的生活，想要突破却不知如何下手。

一份持续三年以上、内容固定的工作，一个前途并不明朗的专业，一个相处了太久的恋人。

我们太容易生出无力感，也太容易为自己的无力感臆想出一个出口："推翻重来就好了吧。"

"重新开始"这四个字像是具有无比强大的魔力，太轻易就让我们看到一个未知的、新鲜的、触手可及的世界，迫不及待地想推倒我们以为存在的生活的高墙，脚步匆匆地向着新的世界出发。以为只要到了新大陆，一切都会自己好起来的。

我们总试图通过改变外界的环境，来为自己单一枯燥的生活注入一点新鲜感。可是生活原本没有高墙，高墙只在我们心中。我们的无力感并不是来自生活，而是来自"懒得去思考，懒得去改变，懒得去修补"的心态。

重新开始，这四个字听起来那么容易和美好，而远方那个陌生的、新鲜的世界的光芒又太过强烈诱人，轻易就让我们只专注于缥缈不可知的"未来"，反而忽视了那些在现有的生活中，力所能及可以改变的地方。

做了三年、四年乃至更久的工作，真的就再没有任何可以学习的地方了吗？你是否在这些日子里成了行业的翘楚？如果没有，你和他们又有着怎样的距离？

一个人的生活真的会被专业捆绑吗？有没有一些技能是可以通过自学获得的？比如语言，比如PS，比如一些新媒体运营的技巧，比如有关财务的基本知识。

网络的普及已经为我们打开了一个无限广阔的世界，只要一个人真正愿意学习，他可以不费力不费时间甚至不费钱地找到资源。

一个相处了太久的恋人真的会无趣吗？会被日复一日的柴米油盐从五彩斑斓打磨成暗淡的灰色吗？还是因为，是你从来都没有一颗能够发掘趣味的心，当来自外界的强力刺激感退去，无论跟谁在一起你是否都会觉得无聊呢？

我们总急着逃离生活，却被自己的心困于高墙之内。

我曾经有一位女友，在一家连锁酒店做前台，一做就是三年，当我们都以为她已经被磨平了斗志，准备在这个岗位上老死的时候，听到了她一举应聘为行政经理的好消息。

> 我们需要逃离的从来都不是生活本身,而是自己安于现状、抗拒改变的心智模式。

聚会的时候大家纷纷打探她的"逆袭史",她笑容温和,眼神淡定:"其实真的没什么,我每天都在学我们的经理是怎么待人处事的,怎么处理员工之间的纠纷,怎么平衡各人的工作量,怎么协调各部门的需求和关系。"她露出一个狡黠的微笑:"这个工作唯一的好处就是,我的座位正对着她的办公室,而她讲话声音超大还总是不关门。"

她说得轻描淡写,我却知道她付出的远比说出口的更多。她曾经让我推荐英语学习班,每个周末都风雨无阻去上课。她曾经拖着我逛书店买下一本本厚厚的有关管理的书籍,每一本都读得烂熟。她曾经为了将酒店的工作服穿得好看,逼着自己减重二十多斤。

或许这才是逃离无力感最正确的方式。不是不顾一切地全盘推翻,也不是口称"追梦"而轻易将生活格式化,重头来过。而是偃旗息鼓像个卧底,隐藏在生活的角落里,悄无声息地让自己一天天变得强大,如同肖申克在监狱中为自己挖一条逃生的路。

我们需要逃离的从来都不是生活本身,而是自己安于现状、抗拒改变的心智模式。摆脱不了这种模式的人会一辈子被无力感追捕,东奔西跑疲于奔命,或是干脆抹杀掉自己想要上进的一点点斗志，安于做无力感的猎物。

请别太急着推翻自己的生活，急于摆脱让我们心生倦怠的工作、专业和恋人。如何"挖生活的墙脚"，为自己的心找一条出路，让生活更充实一点、更有趣一点、更有希望一点，才是最应该先去思考的事。

对抗自己的心最辛苦，然而只有对抗它，才是我们真正生活着努力着的证明。

世界诱惑太多，
我们要学会专注

文·汪贵贵

前段时间，看到一家知名传媒公司招聘电视剧方向的策划经理，要求是"爱看电视剧，对近年来的电视剧作品如数家珍，了解其导演、编剧、制作方、演员等信息。"

每次看到招聘信息，我就会下意识地对号入座，以便补缺补差。细细想了想，发现除了"爱看电视剧"、熟悉主角的脸和名字、知道一两个知名导演外，其他自己啥都不知道！

后来，把这个信息转给一个好友，她是骨灰级资深电视剧迷，从小就搬个小板凳看黑白电视，从《渴望》看到《西游记》，再到《流星花园》，再到《甄嬛传》《琅琊榜》，家庭伦理、青春偶像、宫斗、正史、穿越……她的眼里，无所不包。

大学时，我们另外几个好友，总对着一有空就追剧的她摇头，按照从小到大我妈骂我的话，"恨不得钻到电视里"，简直是太不求上进了。

果然，好友看到这条招聘信息，表示这些要求对她来说小菜一碟，鄙视我的同时还给我上了一课，活生生一部世界电视剧发展史啊！

在我"膜拜大神"的眼神中，她丢下一句"看剧去了"，就没了踪影，深藏功与名，只留下爱学习勤思考的我。

从小到大，我们都被教育，"爱看电视"是个多么坏的习惯，不能提高学习成绩，更不能指望以此谋生，在不多的课余生活中，这算得上最浪费时间的事情了！可若不仅是消磨时间和娱乐，而是专注地对此领域进行学习和研究，你就会变成"电视精"，这么多年的积累也会变成与众不同的知识长板。

值得一提的是，这位好友虽然总爱追剧，可她的学习成绩及工作状态都是极好的。刚毕业时，她进了一家名不见经传的百货集团，做着一个月不到3000元的管培生。

当时，她的薪资是我们这批好友里最低的，我们甚至觉得这个职位根本配不上她的学历和能力。可姑娘说了，她打算从事这个行业，所以不管是在超市的生鲜科学习如何宰鱼，还是跟在商场楼长后跑东跑西，她都从没一句怨言。

> 热爱让他们被这些事物吸引,专注则让他们忘记自我,将自身潜力发挥到极致。

现在,姑娘仍然在这家公司,但已经从管培生升职到运营总监助理,薪资也坐着火箭飞跃了。

我们几个好朋友聊天,总有人在抱怨,传统行业不行啦,线下生意难做啦,还有人总想着跳槽,姑娘却乐呵呵地说:"我们公司还有很多厉害的前辈,我都没到他们一半呢,怎么能说环境不行呢?还是我不够优秀。"

你看,她专注于此,内心坚定,从不左右摇晃,特别有钻劲,所以也从不受环境影响唉声叹气。

我曾做过一个"乐活"的系列报道,找了本城大大小小的玩乐达人。

有一个喜欢动漫的小伙,供职于一家著名广告公司,他利用空闲时间做道具、玩 Cosplay,背着包坐硬座到处参加漫展。家人对他不想着找女朋友十分着急,总数落他玩些看不懂的东西。后来,他辞去工作,成立工作室,成了这座城市的漫展策划人。

另一个从小喜欢布娃娃的姑娘,最后成了手工布艺达人,开了自己的培训工作室。

还有一对喜欢音乐的农村兄弟,在父母的反对里偷偷自学乐器,最后用土豆、南瓜鼓捣出了"蔬菜乐器",上了中国达人秀。

这个世界上，总有些看起来"无用"的东西，最后却变成了"大用"。

那些能成功将"无用"变"大用"，将"NO"变成"YES"的人，身上都有共同的品质：专注。

那个喜欢动漫的小伙，脑海里有一部完整的中、日动漫史，学画画、到处找材料，甚至为了做好道具去研究力学。他常常在深夜加班做道具，但从不耽误正常上班。最后，他将广告公司的工作经验带到了动漫行业。

那个喜欢布娃娃的姑娘，自学缝纫、配色，还学会了设计。

那对喜欢音乐的农村兄弟，别具巧思，在最常见的蔬菜上一次次实验，让南瓜、土豆、大葱都变得会唱歌。

当他们谈到所从事的领域时，会滔滔不绝，眼睛会发光。

热爱让他们被这些事物吸引，专注则让他们忘记自我，将自身潜力发挥到极致。

这世界诱惑太多。当你在做一件事情时，总有些别的人、事来扰乱你的心神。或许，是家长"有什么前途"的抱怨；或许，是朋友们"你怎么和大家不一样"的冷落；也或许，是自己内心关于未来的纠结和挣扎。

然而，同样是做一件事，有人成了翘楚，有人却成了逃兵，有的人终成大器，有的人一事无成。当你摇摆不定、裹足不前时，请相信"专注"的力量。

专注，源于天生的热爱，更是一种后天磨练出的美好品德。

专注，是清醒地知道自己在做什么，不浑浑噩噩，也不稀里糊涂。

专注，像是那穿石的水滴，沉默却充满力量。

人人都在高喊要做一个"内心坚定"的人，可又有几人能真正做到"心无旁骛"呢？

你所等的那个"合适时机"永远都不会来

文·温言

我曾经做过一份工作，当时我的直线经理找我谈话，我俩的话题很新颖：不要惧怕升职。

是的，我曾经就是一个惧怕升职的人。

我不是不想要更高的职务头衔和薪水，但伴随升职而来的角色转换的压力会令我胆怯。当你做初级工作时，只要凭技术做好手头的工作即可；而升到经理角色，就需要承担一定的销售指标。再比如以前的工作，管好自己就行；而再上升就需要管理其他同事，偏偏这些归你管的人又不能由你指定，往往都是些桀骜不驯的主儿，那么自己的压力就会变大。我总会在关键时刻退缩，并提供出正当且充分的理由：我还没有准备好，以我现在的能力恐怕很难胜任……

很长一段时间里，我对自己能如此"脚踏实地"和"谦逊有加"而洋洋自得，我觉得这么做说明自己是一个负责任而且谦逊谨慎的人。直到辞去了那份工作，老板离别时给了我一句发自内心的忠告："希望你不要太过安于现状，要多些进取心。"我很吃惊，也很不服气："我不是不肯抓住机会啊，是时机还没到啊！"

我有一个朋友的经历和表现，却恰恰和我相反。

她在职场上是公认的"好人牌"软柿子，比我还要安于现状，唯一的愿望是年假能多休几天。结果两个派系的领导打架，最后落得两败俱伤，单位部门重组后斟酌了半天新部门人选，选来选去便选中了她——因为只有她不隶属于任何派系，不会激起太大的矛盾。

被赶鸭子上架的朋友并不乐意，因为这个部门领导的工作并不好干，既要像浪尖上行船一样有高超的平衡技巧，还要懂得将处事说话的技巧拿捏得当。朋友不想干，又不知道怎么和上面的头儿说，辗转反侧之际被任命，她没有欢天喜地，反而被催生了华发。

不过上去也就上去了，看起来很难的事，拆分到每一天，也就过去了。问题当然不少，但好在部门刚血洗过一回，无法在短时间内二次震荡，于是一些难处也被她咬牙撑了过来。结果她居然在那个位子上干了两年，后来被猎头挖去了一家北欧的公司去做相同职务,虽然职务相同,薪水却翻了几番,人际关系也简单了许多,而她本人则凭借着"得体"和"考虑周全"深得老板信赖。

面对机会和重大的决策,我们最自然而然的反应就是等一个合适的时机,可是什么才是合适的时机呢?我们并不清楚,也没想清楚,就把答案稀里糊涂托付给了未来。

美国思科的首席技术官帕德玛锡·华莱尔曾被问道:"你从过去所犯错误中学到的最重要的教训是什么?"她回答说:"当我刚起步时,我拒绝过很多机会,因为当时我想'我这个水平还胜任不了这项工作'或是'我对这个领域还不了解'。现在回想起来,在某个特定时期,迅速学习并做出成绩的能力才是最重要的。如今我常跟人提到,当你寻找你的下一个目标时,其实并没有所谓的完全合适的时机。你得主动抓住机会,创造一个适合自己的机会,而不是一味地拒绝。学习能力是一个领导者必须具备的最重要的特质。"

帕德玛锡的回答给了我们两点启示:

一是生活中没有一个完全合适的时机,除非你"逼"自己一下。我们的恐惧往往来自对自己能否胜任的不确定,还来自对将要承受的压力的恐惧。越是平时喜欢思考、喜欢规划的人越容易怀有恐惧，反倒是平时大大咧咧或者功利主义的人不会那么多虑，欢天喜地地就上去了。至于怎么适应更高的职位，可以先做了再说。由此可见，"做了再说"比"先想后做"要好，迅速学习、做出成绩才是主要的。

二是在快速发展的社会，抓住机会最重要，不要顾虑是否需要踮起脚尖。坦白地说，在职场上能给你一个机会已实属不易，没有哪个领导会去反复劝说沉默谨慎的人申请更高的职位。更现实的是，你可能觉得自己不够格尝试，但在你身边却有的是能力不如你却敢于尝试的人。你不去，他们就会去，并且会以更快的速度跑上去。

有关"合适的时机"问题，不但出现在职场上，也常会出现在我们的生活中：什么时候换工作，什么时候出国，什么时候结婚，什么时候要孩子……对于这些常见的问题，大家往往给的都只能是模棱两可的答案：现在还不合适，等条件成熟点儿再说吧。

什么时候才是"合适的时候"呢？这个问题很难回答。有趣的是，假如这些事情在未加计划的情况下发生了，比如被猎头打电话建议跳槽、意外怀孕有了孩子等情况下，大家都能欣然接受。可见我们的内心都愿意拥抱一些改变的机会，却又本能地抗拒着改变会带来的风险。

机会并不来自你的选择在未来包含了多少风险,而来自一个人对某件事的全情投入和你愿意为之付出的努力。如果我们总是像坐在自动扶梯上一样被动地等待着什么好运降临,一般都不会有期待中的好事儿发生。

雅虎总裁梅耶尔曾在一次演讲中提到,人们应该去做一些还没有准备好去做的事情。做一些你感到害怕的事,意味着你将向前迈出一步,你将会学习新的东西,你将会成长。

当然,逼迫自己打乱自己的节奏,向上向前够一够,必然不是一件轻松的事,我们需要找到自己的节奏。看看我们自己,再看看周围,你会发现,那些对职场、对生活不满意的人,真正不满意的并不是环境,也不是自己不够好,而是自己没有尝试过转变,去做一个更好的自己。

我们需要清楚的事实是,生命中永远不会存在一个"完全合适的时机"让你能够去做某件事情。如果你打算做某件事情,不要等待,从现在就开始着手去改变。尽管你并不自知,但其实你已经有了足够的能力和力量去实现这个你希望拥有的改变。

而放弃自己力量最常见的方式,就是认为自己毫无力量。

去还没有路的地方，
才能留下你的足迹

文 · 谢姣姣

一位长辈曾对我说过一句话："不要去那些有路的地方，要去还没有路的地方，留下你的足迹。"年幼的我在当时并没有领悟到这句话的含义，却时刻感受着选择的威力。

前几天，在 MSN 上遇到以前一起在澳门学习的法国女孩，谈起现状，她现在在北京一家中法合资公司做实习生，依然没毕业。

我唏嘘不已，却掩盖不了内心隐隐的羡慕。在她依然享受生命的无限可能时，我已经早早毕业开始工作，过着朝九晚五的生活，看得到未来，也不会有太大的意外。而这也是大多数同龄人的生活吧，大学、工作、结婚、生子……

大家的生活都一样，走在无数前人走过的路上，走在无数人正在走的路上。哪怕路上早已拥挤不堪，还是没有勇气拐入小径。

我认识她的时候是2010年,那时她就已经25岁,到处去玩。我不太记得她学的是文学还是语言学了,只记得她说自己去过很多国家,每次待上一段时间,学习当地的语言和文化。

她经常说的一句话是,"Let's go!""走,去玩!"

她孤身一人游学,也去人迹罕至的地方,见与世隔绝的人,体会匪夷所思的风俗;遭遇过欺骗,遇到过危险,可是也看到过独一无二的风景。她觉得这样的生活很快乐,充满了乐趣和希望。

"你不急着毕业工作吗?"

"我没有毕业依然有工作啊,打工实习足够支持我的生活开销了。"

"你怎么想到去其他国家一待这么久啊?你不怕吗?"

"最开始当然会怕,怕自己语言不通怎么生活,怕环境不熟被人伤害,怕遇到危险无法处理……可是,我依然想去看看外面的世界。人不能因为这些恐惧,就拒绝去发现这个世界的美好。

其实,只要有足够的勇气和智慧,懂得保护自己,做好准备,就能尽可能地避免这种不幸的发生。我相信,真诚和勇在老路上，我们只能随波逐流；
在新路上，才能随心所欲。

敢的人可以驱赶内心对死亡的恐惧，只要他对这个世界的爱够纯粹。"

作为一个29岁快30岁的女孩，没有稳定的职业，没有组建家庭，一定显得格格不入，甚至会受到周围人像看怪物一样的眼神和各种指责吧！

就像一个时间的按钮，到了一个岁数，身边的人便会自动开启"老师"模式，告诉你，你应该找一份稳定的工作了，你应该收心结婚了，你应该暂时搁置事业要孩子了……这其实也没有错，毕竟很多人确实都这样做了，而且也过得不错。

有人选择安稳度日，也有人选择拒绝一份收入颇高且非常稳定的工作去挑战创业；有人选择结婚生子，也有人选择拒绝一个高富帅继续环游世界。每个人有每个人的选择，每个选择都有各自的风景。

只是，我们大都喜欢选择人多的那条路，因为那里已经有路，看起来安全又容易。只是有路的地方，是留不下我们的足迹的。只有在还没有路的地方，才能告诉世界我来过，因为这路是我自己走出来的，不会被湮没。

生活也一样，有所成就的一个捷径就是选择前人没有走过的轨迹。一生，实现一个梦想就足够了。在已有的路上，一个人必须比前面成万上亿的人更加优秀才能被看到；但在全新的路上，他唯一需要超越的只是他自己。

这也是为什么，创新者比模仿者更受追捧，创造比重复更激动人心。我也曾想过，如果我不是从小按部就班地上学，而是用同样的时间做了所谓"非主流"的选择去学艺，是不是现在早已小有名气？我也曾想过，如果我不是一味把时间用在聚会玩耍上，而是选择一个课题潜心研究，是不是已经小有所成？这些都没有答案。

但你要相信，如果你走的路不同，你看到的风景也是不同的。这个过程当然不容易，因为它可能荆棘满地，可能布满陷阱，可能充满危险，可能遭众人阻挠，但是所有收获都是有代价的，不是吗？如果我们足够热爱、足够坚定，那么就没有什么能阻挡我们的脚步。

后来，那个法国女孩告诉我，她虽然没有毕业，但是她的经历已经使她在自己的领域小有名气，做着多份兼职工作，或许以后做个自由职业者也不错；她虽然没有结婚，但是她有一个深爱她的优质男友，觉得这样的她优秀又迷人，她并不缺爱情。看起来特立独行的选择并没有让她失去什么，反而带给她很多。

你看，在新的路上，完全由我们自己决定它的构建，我可以把那条挤满了人的路上的不可缺少的东西移植过来，比如爱，比如生存；也可以创造出独属于我自己的风景，反而让人流连忘返。

在老路上，我们只能随波逐流；在新路上，才能随心所欲。

在这忙碌的世界里
你要活得丰盛

文·何亚娟

走出电影院已近凌晨，整座城市渐渐入眠，一排排路灯和高楼窗口透出的点点灯火，温暖着夜归人。

已经记不清有多久没看电影了，每天只顾埋首工作，连看一场电影都成了奢侈。

我有多久没有戴上耳机听音乐了？年少时买CD听音乐都是种享受，现在可供下载的免费音乐那么多，怎么没时间听？那个喜欢听音乐、走路踏着轻快的脚步、嘴里哼着歌的女孩去哪里了？

我有多久没停下脚步看看这个世界的变化了？每天匆忙赶路，工作几乎是生活的全部，错过了春夏秋冬四季更迭的曼妙风景。那个喜欢围着小城的护城河漫无目的地走，闲看花开花落云卷云舒的女孩去哪里了？

我有多久没有和闺密坐在一起聊聊天了？女人可以没有男人，但一定不能没有闺密。闺密是温暖的羽翼，是坚强的后盾，是所有秘密都可以吐露的对象。那个和闺密坐在咖啡馆就着一杯拿铁聊生活，聊爱情，聊梦想，谈笑风生的女孩去哪里了？

渐渐长大，却越来越偏离当初那个最纯真的自己。常常有种被工作捆绑的感觉，好像一停下来就是在浪费时间，只能逼着自己像一颗陀螺一样不停旋转。因此，我的心情跟着工作起伏，工作能左右我的喜怒哀乐，我已经失去了最简单的快乐。

有一回几个朋友聚会，不知是谁提到工作中遇到的麻烦事并为此苦恼不已，有位朋友说："我们没必要为工作而苦恼，工作是为我们的开心服务的。"

工作是为我们的开心服务的？听到这样的话不是不震惊的。

很多时候，我们都以为工作是为了赚很多钱，买大房子，买车子，而忽略了工作的本质。

那么，工作的意义究竟是什么呢？

对于这个问题，不同的人会有不同的解读。有些人工作是为了家人能过上幸福的生活，有些人工作是为了实现自我价值，有些人工作是为了追逐曾经的梦想。

即使解读不同，工作的目的指向性却是很明确的——都是为了更好地生活，更开心地生活。

没错，工作是为了更开心地生活。可为什么我们那么努力地工作，却反而因为工作而变得不开心呢？

不管是你用来谋生的工作还是热爱的工作，总会有遇到不顺的时候：辛苦努力却得不到上司认可，和同事关系紧张不知如何缓解，在客户那里受了委屈却无处申冤，员工不给力时很多事情还得自己亲力亲为，任务太重感觉怎么加班也做不完……

工作中的烦恼会接踵而至，有时都不给你喘气的机会，一波未平一波又起，比电视剧还要狗血。

于是，你很郁闷，下班了依旧为此郁闷，甚至自己的坏情绪还会影响家人。

问题的关键在于——工作的时候你已经被工作折磨了，工作之外的时间你仍然在被工作折磨。

有一天，你身边的人终于忍不住说："下班后老板又不给你发工资，你干吗还为工作焦头烂额啊？你能不能把工作和生活区分开？"

这句话瞬间点醒了你。

是啊，工作只是生活的一部分，从什么时候开始，你竟然把工作当成了生活的全部？！

在公司你全身心投入工作，回到家后依旧跟作者沟通联系，坐公交车时看的依旧是公司作者写的文章，甚至你连做梦都是设计封面，你的24小时被工作承包了。

原来，不是工作束缚了你，是你把自己束缚住了。

是你没有给自己看电影、听音乐、旅行、和闺密聊天的时间，是你用工作来捆绑了生活，忘记了工作是为了开心地生活这个初衷。

常以工作狂自居的我终于明白了这个道理。

一直以来，我把做图书的工作当作梦想，当作信仰，于是我为之竭尽全力。为梦想拼没错，但太拼压缩了生活空间，降低生活品质就没必要了。

意识到这一点，我开始平衡工作和生活的关系。回到家后把工作抛到一边，找跟工作无关自己又喜欢的书阅读，陪孩子讲故事，和孩子一起上绘画课，跟着孩子重新回到童年；每逢周末和家人出去走走，能陪着身边的人感受风景，有种温馨的惬意；年假时就一个人起程去厦门，在旅行中和自己对话，让自己静下来，明白自己最想要的究竟是什么。

以前总觉得只要不工作、不写作就是在浪费时间，现在却觉得千金难买心情好，让自己心情愉悦比什么都重要。如果过得不开心，再好的工作又有什么意义？

看着我站在厦门海边、笑得一脸灿烂的照片，我仿佛又回到了那个简单快乐的自己。

我忍不住嘴角上扬。你没有变，你还是当初那个因为一点美好就能喜悦好久的自己。

开始，
而不是准备开始

文·沐沐

碰到了小 N，她问我跑步用什么牌子的手臂包。我说没有用那个东西。她很惊讶："你跑了一年了，还没有置办齐装备？"

去年是她跟我说："一起跑步吧。现在爬楼梯都喘，再不锻炼不行了。"随后给我说各种跑步的好处，尤其是慢跑，还发给我很多慢跑相关的资料。我之前是讨厌跑步的，被她说得想试一试。

我提议第二天傍晚就去跑，被小 N 拒绝了，她说要准备运动装备，要看攻略和技巧，做足了功课再跑，不然容易受伤，也影响体验。

第二天，我找出自己的运动鞋、运动衣裤，跑了三公里，出乎意料地喜欢上了跑步。我也做功课，跟经常跑步的人交流，慢慢置办合适的鞋和衣服，会关注相关的资讯，避免运动伤害之类的。只是在这期间，跑步没有中断。

小 N 的跑步计划还没有实施，她说要把跑步相关的东西都研究透了，准备好了，再开始。再加上这一年比较忙，没有时间。于是，这一准备，就是一年。

有时候我们缺的不是时间，不是准备，而是一个开始。

"等我有时间了，我想把我的感悟写下来。"这是小可跟我说的话。说了两三年了。一年前，她告诉我打算开一个平台，每天记录自己的感悟。我说那就开吧，又不麻烦。她说先要积累一些让人眼前一亮的东西，然后再公开发布。

只是，到了现在，她的让人"眼前一亮的东西"，还一直在酝酿之中，连初稿都没有。她说写文章是需要感觉的。

我告诉她我写了有一百篇了，但是从来不知道什么是好的感觉。

她问我："那你是怎么写出来的？"

"两步。第一步：翻开一个笔记本，握着笔，自然而然就开始写写画画；第二步：打开电脑，打开一个空白文档，双手放在键盘上，边想边写就好了。"

> 很多事情本来就是简单的一个点，我们却把它编织成了一张网，给自己太久的时间去"准备"开始。

写自己的感悟本来是一件很简单的事情，不需要必须让人"眼前一亮"，只是写下去就好了。况且，我一直相信，一个人的真实想法必定会有人同感。反倒是，想得太多，才会让人裹足不前。

其他事情同理。我们把一件事纯粹化、简单化，那些没有尽头的准备就不需要了。跑步就是跑步，不是先纠结跑步的时候要带什么、听什么歌，这样有没有手臂包就没那么重要了；写感悟就是写感悟，不是先纠结别人眼里怎么看，这样能不能"让人眼前一亮"就没那么重要了；生活就是生活，不必先纠结于别人知道不知道，这样怎么自拍一张高大上的照片发朋友圈就没那么重要了。

很多事情本来就是简单的一个点，我们却把它编织成了一张网，给自己太久的时间去"准备"开始。于是，如果在北方，冬天的雾霾就成了拖延所有事的借口；如果过了十八岁，年龄就成了没有热情和勇气的说辞。

在整个活动周期的维度上，我相信厚积薄发。但是一直准备开始，而迟迟不开始，那不是在积累，而是在拖延。拖着拖着，就没法完成了，要么是错过了天时地利，就像十八岁时喜欢的一个女孩,却没勇气靠近,直到有一天她名花有主;要么是把自己的热情拖没了,就像曾经一心想要学的某种乐器或者某项运动,一直各种错过没有开始,时间久了也就没有热情了。

冲动不是好习惯,过度地思前想后也不可取。"三思而后行"的下一句是:"子闻之曰:再,斯可矣。"就是说,季文子做事总要考虑很多次,孔子说考虑两次也就够了。

所以,想做一件事,差不多了就先开始,而不是一直准备开始。也只有先行动起来,后面的事才可以水到渠成。

上学的时候,我总觉得准备好了再开始也不晚,总觉得以后还有很多机会可以做。回过头来发现,拖着拖着,有些事,这辈子都没机会完成了。

有没有一件事,你一直放在计划和准备着,却迟迟没有开始?如果还心心念念地惦记着,就开始做吧。

年轻人，
下了班一定要瞎折腾

文·伊心

最近看了一部电影，很是喜欢。

电影叫《朱莉与茱莉亚》，讲的是两个女人和美食的故事。但它显然不仅仅关于女人和美食，还关于生活、爱和期待。

茱莉亚的故事发生在20世纪40年代。她来自美国，跟随自己的外交官丈夫去到法国。不喜欢无所事事的生活，于是热爱烹饪的她在巴黎重新上了烹饪学校。

她从煮鸡蛋、削土豆、切洋葱学起，在烹饪学校里和一群男厨师PK，坚决不输给任何人。

靠着烹饪，本是一名文员的她重新拾回对生活的热望，在异域，在他乡，在她近40岁的年纪里。

她的食谱变成了一本叫做《掌握法式烹饪艺术》的书，沉甸甸的，全是她的过去。

朱莉的故事则发生在20世纪90年代,她是个年轻的美国姑娘,是个郁郁不得志的小白领,每天为公司接听投诉电话,生活被垃圾一样的留言甚至咒骂挤满,却无处逃脱。

她和丈夫住在纽约皇后区一处狭窄、陈旧的公寓里,坐在厨房略显肮脏的地板上感叹:"为什么会这样?"然后日复一日穿越地铁里拥挤的人群,满目厌倦,和我们的城市里无数的年轻人一样。

终于有一天,她决定要改变。

于是她开通了一个烹饪博客。每天下班后照着茱莉亚的食谱《掌握法式烹饪艺术》,做一顿菜,然后记录在她的博客里。

365天,524个食谱。

她描述黄油在烹饪中的绝妙用处,描述处理蘑菇时的小诀窍,在糟糕的工作之后做个美味的荷包蛋犒赏自己。

就这样,越写越开怀。深夜里,她抱着新鲜的食材满心希望地看向流光溢彩的城市,用欢快的语调讲述生活中的一切,再也不是那个地铁里表情怏怏的姑娘了。

人人都说,下班后的八个小时决定我们的人生。

可是,细细数来,我们下班后的生活,再也数不出充沛的、美好的、专心致志的八个小时,却只剩下了看剧、玩手机、买买买、网聊……

每个人都像网瘾少年一样,将手机里的视频刷到无可再刷,将朋友圈里的消息看了千遍万遍,却忘了年轻的我们,最应该做的事其实是"瞎折腾"。

我们抱怨,抱怨生活的无趣,却忘记了如何去创造生活的有趣;我们吐槽,吐槽人生的艰涩,却忘记了如何去平缓人生的艰涩。

因为一根网线,我们越来越接近这个世界上的新闻,却越来越远离了真正的自己。

我们看过了全世界随时上演的生离和死别,却还是没学会该怎么拥抱深爱之人、该怎么打扫好眼下的一片狼藉。

这就是今天的我们。

朋友圈里的母亲们用《别玩手机了,多陪陪孩子吧》来刷屏,而新晋情侣们最真情的告白不再是"你近在我身边,远在我心里",而是"你就在我身边,于是我不再玩手机"。

我们究竟在干什么?——才失去了下班后本该尽情折腾、享受爱与时光的一切能力。

我们是如何将生活过成了一潭死水,还抱怨世界没给我们最想要的那种波澜壮阔?

很惭愧地说,现在的我也是如此,全然忘记了以前那个爱折腾的自己。全然忘记了我曾如何努力地将生活过得极尽有趣。

可如今我再回忆我的青春,最感激的不是自己拼命去考的高分,更不是拼命去拿的工作业绩,而是学习之外、下班之后干的那些"瞎折腾"的事儿。

于外人看来,我做过的好多事都是"无用的小事",但是谁也不知道那些无用的小事在我的生命里究竟种下了什么样的种子。

我读过很多无用的书,那些书没有教材有用,与我的升学、求职似乎都全然无关。可是多年之后,我总是想起一生落魄的尼采,死后却如灯长明,总是不经意间想起书里集结着人类最璀璨智慧的句子,不知它们曾多少次治愈过孤独的我。

我写过很多无用的字,那些字不是上学时的学术论文,更不是工作后的项目报告。后来它们中的一部分变成了一本书,记录下了我曾闪耀过、也曾黯淡过、却从未迷失过的青春。另一部分尽管仅仅躺在我的电脑硬盘里,或者上了锁的日记本中,但仍然是我通往回忆的站台,绵延记忆的钥匙。

> 那些无用的小事儿，那些下班后瞎折腾的时光，
> 都是我们面包上的黄油，和生命里不可或缺的呼吸。

我甚至走过很多无用的路，在不是名胜景点的冷门城市，但路过的人，都住进了我的身体里。直到有一天，我觉得疲惫溃败时，便想到了异乡巷子口那对做早点的夫妻。丈夫不能说话，妻子轻微残疾。

我在凌晨四点时成为他们的第一个顾客，看着他们对我亲热微笑，再将一碗热气腾腾的豆汁端到我的手上。

他们的希望变成了我的希望，让我在颓唐时，每每想起那两张笑脸，都觉得，咳，有什么大不了，有什么过不去。

如今，我真想重新找回那个爱折腾的自己。

去做一切无用的小事，去结交一切好玩的人，去用溪流激起波澜，再用微光烛照黑暗。

我终于懂得，是有趣的人去造就丰盛的生活，而不能依赖于生活来造就我。

那部影片看到最后，才惊讶发现这是两个充满奇迹的真实故事。

茱莉亚的食谱《掌握法式烹饪艺术》被反复加印，后来的人们称她为"厨神"。她和丈夫九十多岁离世，一生如星河般灿烂耀目。

她还写了《我的法兰西岁月》，记录巴黎的一切，以及她挚

爱的生活，被《纽约时报》评价为："本杰明·富兰克林以来美国'出口'到法国最棒的人才。"

而朱莉呢？

朱莉和爱人搬离了那间狭窄破旧的公寓，还写了《朱莉与茱莉亚》。

随后，这本书变成了荧幕上一个如此美好的电影，让无数沉醉厨房、热爱美食的女子阅毕难忘。

那些下班后瞎折腾的时光，最重要的不是为她们创造了事业上的第二个春天，甚至不是让她们功成名就，而是——让她们重新拥抱了爱人和美好又温柔的生活。

就像朱莉，她为朋友们的聚会准备了一桌丰盛的美食。

她举起斟满红葡萄酒的杯子，望向她深爱的男人，眼底是流淌的波光，嘴角是盈盈的笑意。

她说："你是我面包上的黄油，我生命里不可或缺的呼吸。"

而这句话，来自茱莉亚的丈夫。他亦曾这般告白，对着他挚爱的妻子。

谁会不为之感动呢？

那些无用的小事儿，那些下班后瞎折腾的时光，都是我们面包上的黄油，和生命里不可或缺的呼吸。

不管是画幅小画，沿着长长的海边散步，还是走远路去采摘野莓，给久未联系的挚友写封书信……

不管是亲手烘焙一块戚风蛋糕，种下春天里的第一颗樱桃种子，还是去看一场音乐会，再学会一个新的日语单字……

它让我们从工作阒寂甚至黝黑的深井中爬出来，看到井外，原来是一片湛蓝的天空，和钻石般铺满夜色的晶亮星子。

它让我们从生活冰冷甚至严酷的寒冬中走出来，一直向前，走到一片如春水长流、温柔的澄澈里。

那温柔就像日本插画家高木直子写过的《一个人生活第五年》，对自己无以复加的厚爱是好好吃饭，好好工作，还有好好生活。

那澄澈让你独自身处异乡却不觉凄苦，一人漂泊孤城却有如万马千军。

我们不是朱莉，也不是茱莉亚，但我知道我们都能找到面包上的黄油，生活里的呼吸。

这才是疲惫生活中的英雄梦想，这才是庞大城市里的不朽荣光。

梦想，和荣光，都属于爱折腾的你。

愿五年后的你，
是你最想要的样子

文·夜未央

前两天，我们四个朋友围在一起吃火锅。聊了很多，到最后，狗哥问了一句："我们都来说说五年后想成为一个怎样的人吧。"5年后，我们就快三十了。

梅子说："我想要在30岁之前考上心理学的硕士，现在考了心理咨询师，但还是要往知识系统化的方向走。嗯，如果可以就也考了博士，职业是成为心理咨询师，最好能在30岁之前成家。"话毕，迎来一阵掌声和鼓励。

我说："我要在30岁之前拿到专业硕士学位，最好能出国留学，职业就是成为作家。必须跑一次全马，参加一次铁人三项，还有必须创一次业，哪怕只是摆地摊。"大家倒吸了一口冷气，然后鼓掌。

阿九说："我目前最想做的是挽回前女友，30岁之前就是能成家立业吧。"大家迟疑了一秒,然后鼓励他赶紧去实现,听起来目前他的计划可操作性和成功的可能性最大。

狗哥说:"我和阿九差不多,我想成家立业,能背起一份家庭的责任。"说完,我们相视而笑。这样的话题讨论,颇有从艰苦生活中活出点味道的释然。

原来,我们的心境都慢慢成熟。我笑了笑:"男生和女生就是有差别,男生的计划是有两个人或者家庭的。女生简单点,净想着自己。"梅子打岔:"或许只因我们两个是单身。"

我不知道有多少人想过五年后的自己会成为一个什么样的人,但我知道和我同龄的一些朋友都处在边奋斗边迷茫的状态中。每天将就过着不尽如人意的日子,偶尔不开心就插科打诨一下,仿如今天把自己逗笑,明天就不会那么难过了。

我们似乎都做着一份不那么喜欢的工作,领着一般的薪水,过着不那么如意的生活。我们不敢随时哭、随时笑、随时离开,我们的情绪在各种各样的工作场景和生活场景中慢慢被克制住,生活似乎从不肯让我们轻易地潇洒。毛姆在《月亮和六便士》中写过这么一句话:"一般人都不是他们想要做的那种人,而是他们不得不做的那种人。"我们都是一般人,不得不做的那种人。

但是现在，我想要改变了。我想要说的、我想要做的、我想要成为的那种人，都应该慢慢在我的行动下实现。你呢？你有想过5年后会成为一个什么样的人吗？有没有试过某天早上醒来，满心都是仓皇和焦虑？坐在床边开始怀疑人生，几分钟后依旧刷牙、洗脸、吃早餐、挤公交上班。你连思考的时间都不肯给自己，唯有用工作来麻醉身心。你开始忘记初心，你开始不敢构想未来。

五年后，或许你嫁给了一个有钱人，成为一个阔太太；或许你成为一个高层主管，每天忙着管理公司的业务；或许你成为一个很棒的司机，每天载着乘客走不一样的路线；或许你成为一个服装店的老板，过着平淡而小康的生活；或许你家的孩子会打酱油了，在同学会上还是忍不住打电话给老公看孩子睡得是否安好；或许你已经移民海外，在世界500强的企业里打拼；或许……

是的，你买了汽车、手表、单反，你会有票子、房子、孩子，但是你也会发现追不到的、停不了的，还是那些最初想要的。你本来想成为画家，却成了服装店老板；你本来想成为科学家，却成了一个公交车司机；你本来想做企业高管，却成了全职太太。这都是因为5年前的你还不敢想，还没有做，没有目标，没有计划。

蔡康永说，20岁千辛万苦穷游去卢浮宫看到的一幅画和40岁坐头等舱去看到的那幅画或许并无不同，但是心境，却不一样了。20岁的我想要拍一场微电影，我们几个同学成立工作室，写了剧本，借了器材拍摄，前期的取景和脚本落定，中期的拍摄和演员表演，后期的剪辑和特效都是一波三折，不够完美，但出来后却大受同学老师好评。因为那是20岁的我们全力以赴去做的一件事，是我们当时能力范围内做得最好的一件事。

或许等我到40岁，会构想出一个完美的剧本，会有钱买最好的器材，会请到最好的演员。但是，那时我再也拍不出20岁想拍的东西了。或许40岁的我早就忘记自己曾经有这么一个想法，最怕的就是没有计划地等待。等着等着，青春散场了，你不在了；等着等着，初心忘记了，你屈服了；等着等着，梦想飘散了，追不回了。

想想五年后的自己，开始做计划吧。不要害怕计划太遥远，就怕连想的勇气都没有。有时，我常常在想，活着有什么意义？有时我又在想，我怎么会在想这个问题呢？我不是尼采，不是哲人，我不是天才，不是疯子，不是人们口中的少数人，我怎么会想这个问题呢？

我平庸，我哭我笑我懦弱的姿态跟别人一样，没有美到极致，没有丑到窒息，没有让人过目不忘的一张脸，我就是这样，其貌不扬。我普通，我的智商很平庸，我拿的学位不是名牌大学的，没有出国留学，我是一个二本院校毕业的学生。我不是上天亲吻过的孩子，那些招聘单位对学历文凭设置的门槛，从不因为我的名字而消失。

我常常会在迷茫的时候想到学校里那栋24小时亮灯的课室，那栋课室很多人叫它通宵复习楼。每一张桌子上都堆满了书，我曾觉得学校很荒谬，怎么能给同学们损坏自己身体的机会呢？后来有一次午夜经过，发现里面满满都是埋头苦读的人。我发现这些人身上都自带光环，那种努力和勤奋呛得我差点落泪。这些辛苦而努力追逐目标的人活得很明白，所以在全力以赴去做一件事的时候都充满了神圣的仪式感。

而我呢，我不是疯子，不是天才，不是偏执狂，改变不了世界。我蜷缩在一个角落里平凡地活着，将就地过着。然后，某天想到五年后的自己，觉得再也不能这样下去了。我跟上司提了辞

> 年轻人就是有犯错误的机会。你可以多去试试，
> 但也要想想五年后的自己。

职，他说给我加薪，留下来。那一刻，预期中的薪水竟也诱惑不了我。我铁了心要走一条看不清未来的路，但却是一条有实在感的路，而且，已经做好计划。

出来混总是要还的，欠自己承诺的实现，欠自己一个好的未来，抱着侥幸心理走的所谓"曲线救国"的弯路迟早要还。只要初心还在，该背的书，该吃的苦，该走的路，生活都会一丝不落地还给我。

不只是我，有太多没被上天亲吻过的孩子，你以为自己从来都是特别的，然而生活就在某个下午给你狠狠一巴掌，告诉你，你跟所有人一样，你再普通不过了。上天不会因为你叫什么而对你格外宽容。人生本来就容不得半点侥幸，除非你不在乎任何走向，不介意任何结果。

毕业之后，或许你脱富致贫，颠沛流离；或许你爱情失意，职场失利；或许你咬牙前进，风雨兼程；或许蓦然回首，才发现自己走了一大截不想走的路。没有关系，杨澜说："年轻人就是有犯错误的机会。你可以多去试试，但也要想想五年后的自己。"

愿你已经在往喜欢的方向出发。出发了，就知道志同道合、并肩作战的人并不少。即使一个人，也要像带领一支队伍一样风

风火火、充满斗志，朝未卜的前途奔去。愿迷途中的你、清醒的你、孤身奋斗的你都像一支队伍一样作战。怀才不遇，逆水行舟，都要对自己的头脑和心灵招兵买马，不气馁，有召唤，爱自由。愿你能够在最难熬的时候俯身向黑暗中的自己伸手，拉自己一把。

愿5年后的你，是你最想要的样子。